本书系北方工业大学经济管理学院学科建设经费资助（项目……）
北方工业大学北京城市治理研究基地项目"京津冀协同发展……"
成果（项目批准号：21CSZL24）
北方工业大学毓优人才项目"科技创新视角下京津冀资源能耗管理绩效及其协同治理能力评价体系研究"成果（项目批准号：XN020035）
北京市自然科学基金面上项目"京津冀协同发展下水资源与产业结构双向优化适配研究"成果（项目批准号：9202005）

京津冀
科技创新–水资源–经济发展协调评价研究

吴 丹　向筱茜 ◎ 著

河海大学出版社
·南京·

内容提要

本书以京津冀科技创新-水资源-经济发展为切入点，开展京津冀科技创新-水资源-经济发展协调评价研究。研究内容包括：科技创新研究热点及演化的可视化研究、水资源研究热点及演化的可视化研究、经济发展研究热点及演化的可视化研究、京津冀科技创新与经济发展协调评价研究、京津冀科技创新与水资源利用适应性协调评价研究、京津冀经济发展的水资源利用现状评价与需求预测研究、京津冀经济发展与水资源利用脱钩评价研究、京津冀经济发展与水资源利用协调评价研究。本书可供从事科技创新-水资源-经济发展研究的相关管理者和研究者学习参考。

图书在版编目（CIP）数据

京津冀科技创新-水资源-经济发展协调评价研究／吴丹，向筱茜著． -- 南京：河海大学出版社，2022.6
 ISBN 978-7-5630-7505-8

Ⅰ．①京… Ⅱ．①吴… ②向… Ⅲ．①区域经济发展－关系－水资源利用－研究－华北地区 Ⅳ．①F127.2 ②TV213.4

中国版本图书馆 CIP 数据核字（2022）第 057286 号

书　　名	京津冀科技创新-水资源-经济发展协调评价研究
书　　号	ISBN 978-7-5630-7505-8
责任编辑	成　微
特约校对	徐梅芝
封面设计	徐娟娟
出版发行	河海大学出版社
地　　址	南京市西康路 1 号（邮编：210098）
电　　话	（025）83737852（总编室）
	（025）83722833（营销部）
经　　销	江苏省新华发行集团有限公司
排　　版	南京布克文化发展有限公司
印　　刷	广东虎彩云印刷有限公司
开　　本	718 毫米×1000 毫米　1/16
印　　张	7.875
字　　数	145 千字
版　　次	2022 年 6 月第 1 版
印　　次	2022 年 6 月第 1 次印刷
定　　价	59.00 元

引言

党的十八届五中全会提出了"创新、协调、绿色、开放、共享"五大发展理念,为实现中长期国家发展战略目标,破解国民经济与社会发展难题,厚植发展优势提供了重要的战略支撑。党的十九大报告提出"贯彻新发展理念,建设现代化经济体系",并强调必须着力加快建设科技、实体经济、现代金融、人力资源协同发展的产业体系。国家发展"十四五"规划纲要从经济发展、创新驱动、民生福祉、绿色生态、安全保障五个方面,制定落实了"十四五"时期经济社会发展的主要指标,其中,创新驱动是推动中国国民经济和社会发展的重要驱动力,处于国家发展全局的核心位置。提升科技创新能力是促进京津冀地区经济持续健康发展的不竭动力,以科技创新引领京津冀地区实体经济转型升级,推动科技创新与经济发展之间相互协调是京津冀地区经济高质量发展的工作重心。

1990 年,联合国在《水与可持续发展准则:原理与政策方案》中明确了水资源开发利用在水资源与经济协调发展中的重要地位。水资源是我国经济社会可持续发展的战略性资源,为经济产业发展、居民生活、农田灌溉和环境保护提供了重要保障。京津冀"十四五"规划明确提出增强水资源战略储备、加强水污染治理和水资源保障、提高水资源集约安全利用水平,为加速推进京津冀产业结构转型升级、有效提高水资源利用效率、提升经济发展与水资源利用的协调性指明了方向。提高水资源利用效率与综合效益是落实最严格水资源管理制度、推进水治理体系与治理能力现代化的重要内容,而科技创新是促进水资源利用效率提升的重要途径。科技创新有利于节水科技创新与推广、有利于促进生产方式转变、有利于改变并促进符合水生态文明的消费模式和生活方式。为此,本书以京津冀科技创新-水资源-经济发展为切入点,开展京津冀科技创新-水资源-经济发展协调评价研究。本书的研究内容主要包括:

第 1 章,科技创新研究热点及演化的可视化研究。针对 CNKI 数据库中

1998—2020年科技创新研究的2853篇文献,运用科学计量学方法,对中国科技创新的研究热点及演化开展研究。借助CiteSpace 5.7.R2可视化工具,绘制中国科技创新研究的知识图谱,主要包括关键词共现分析和突变分布、关键词聚类分析、关键词时间线分析和时区分析。

第2章,水资源研究热点及演化的可视化研究。针对CNKI数据库中2010—2020年水资源研究的3070篇CSSCI期刊文献,运用科学计量学方法,对中国水资源的研究热点及演化开展研究。借助CiteSpace 5.7.R2可视化工具,绘制中国水资源研究的知识图谱,主要包括水资源研究时间分布图谱和空间分布图谱、关键词共现分析和聚类分析、关键词突变分布。

第3章,经济发展研究热点及演化的可视化研究。针对CNKI数据库中1998—2020年经济发展研究的2775篇CSSCI期刊文献,运用科学计量学方法,对中国经济发展的研究热点及演化开展研究。借助CiteSpace 5.7.R2可视化工具,绘制中国经济发展研究的知识图谱,进行发文量统计、机构合作分布、作者合作特征、热点关键词和研究热点主题分析,梳理中国经济发展研究的演化脉络。

第4章,京津冀科技创新与经济发展协调评价研究。利用主成分-相关分析方法,进行科技创新与经济发展协调水平评价指标的定量筛选。并采用变异系数法,确定指标权重。同时,采用加权综合指数法、相对发展度模型和协调度模型,构建相应的动态评价模型,作为京津冀地区科技创新与经济发展协调评价的主要方法。在动态度量和对比分析不同时期京津冀地区的科技创新与经济发展指数变化趋势基础上,根据不同时期京津冀地区科技创新与经济发展指数的动态变化,对比评价京津冀地区科技创新与经济发展的相对发展度,综合评价京津冀地区科技创新与经济发展协调水平。

第5章,京津冀科技创新与水资源利用适应性协调评价研究。采用加权法、相对发展度法与耦合协调度模型,构建相应的动态评价模型,作为京津冀地区科技创新与水资源利用适应性协调评价的主要方法。在动态度量和对比分析不同时期京津冀地区的科技创新水平与水资源利用水平变化趋势基础上,测算京津冀地区科技创新与水资源利用的相对发展水平,动态评价京津冀地区科技创新与水资源利用的适应性协调水平。

第6章,京津冀经济发展的水资源利用现状评价与需求预测研究。根据京津冀水资源总量与供给量变化,开展不同规划期京津冀水资源盈亏平衡分析研究。同时,测算京津冀不同规划期产业结构变化系数,明确工农业水资源利用变化趋势,合理估算经济发展用水量,评价经济发展与水资源利用的关联性。在此基础上,对京津冀地区经济产业结构变化进行合理预测,科学预测京津冀地区的用水需求。

第 7 章,京津冀经济发展与水资源利用脱钩评价研究。借鉴经典的 OECD 脱钩判别框架,基于驱动力-压力-响应分析视角,构建双控行动下京津冀经济发展与水资源利用脱钩评价模式。并采用 Tapio 弹性系数法,动态评价不同规划期京津冀地区经济发展与水资源利用的脱钩态势。同时,将用水总量、工农业和服务业等行业用水进行统筹考虑,采用完全分解模型,进行京津冀地区不同行业用水脱钩的驱动因素分解,明确京津冀经济发展与行业用水脱钩的关键驱动因素,揭示京津冀经济发展与行业用水脱钩的内在机理,并提出相应的对策建议,为京津冀政府管理部门加快实现京津冀地区经济发展与水资源利用脱钩提供决策支撑。

第 8 章,京津冀经济发展与水资源利用协调评价研究。采用水资源负载指数法,对不同规划期京津冀水资源负载指数测算开展研究。采用协调度评价法与灰关联分析法,构建产业用水结构与产业结构协调评价模型、水资源利用与经济发展协调评价模型,对不同规划期京津冀产业用水结构与产业结构协调程度、京津冀水资源利用与经济发展的关联程度与协调程度进行研究。

本书从不同角度反映京津冀科技创新-水资源-经济发展协调评价研究成果,对于关心京津冀科技创新-水资源-经济发展协调性的读者具有较强的可读性和一定的借鉴意义,对于从事京津冀科技创新-水资源-经济发展协调评价研究的相关管理者和研究者具有重要参考价值。

鉴于作者受到知识、时间等多方面的限制,本书的研究成果不尽完善,难免存在许多不足之处,殷切期望同行专家和广大读者能够批评指正,从而有助于继续深入系统的研究。并希望本书的出版有利于丰富科技创新-水资源-经济发展协调评价方法、推进科技创新-水资源-经济发展协调评价的实践应用。期待与广大同行一起努力,致力于科技创新-水资源-经济发展协调评价理论方法及其应用的深入研究。

作者
2022 年 1 月于北京

目录

第1章 科技创新研究热点及演化的可视化研究 ········· 001
  1.1 研究方法与数据来源 ········· 001
  1.2 科技创新研究的关键词共现分析与突变分布 ········· 002
  1.3 科技创新研究的关键词聚类分析 ········· 004
    1.3.1 关键词聚类图 ········· 004
    1.3.2 时间线分析 ········· 005
    1.3.3 关键词时区分析 ········· 007
  1.4 结论 ········· 008

第2章 水资源研究热点及演化的可视化研究 ········· 010
  2.1 水资源研究时空知识图谱分析 ········· 010
    2.1.1 时间分布图谱 ········· 010
    2.1.2 空间分布图谱 ········· 011
  2.2 水资源研究热点的关键词分析 ········· 013
    2.2.1 关键词共现分析 ········· 013
    2.2.2 关键词聚类分析 ········· 015
  2.3 水资源研究热点的关键词突变分布 ········· 016
  2.4 结论 ········· 017

第3章 经济发展研究热点及演化的可视化研究 ········· 020
  3.1 文献特征分析 ········· 020
    3.1.1 发文量统计 ········· 021
    3.1.2 机构合作分布 ········· 021
    3.1.3 作者合作特征 ········· 023
  3.2 中国经济发展研究热点分析 ········· 024

  3.2.1 热点关键词分析 ········· 024
  3.2.2 研究热点主题分析 ········ 028
 3.3 中国经济发展研究的演化脉络 ········ 029
 3.4 结论 ········ 031

第4章 京津冀科技创新与经济发展协调评价研究 ········ 035
 4.1 文献综述 ········ 035
 4.2 研究方法构建 ········ 037
  4.2.1 评价指标设计 ········ 037
  4.2.2 评价模型构建 ········ 039
 4.3 实证研究 ········ 040
  4.3.1 京津冀地区科技创新与经济发展指数 ········ 040
  4.3.2 京津冀地区科技创新与经济发展的相对发展度 ········ 042
  4.3.3 京津冀地区科技创新与经济发展的协调水平 ········ 043
 4.4 结论 ········ 045

第5章 京津冀科技创新与水资源利用适应性协调评价研究 ········ 048
 5.1 文献综述 ········ 048
 5.2 研究方法设计 ········ 050
 5.3 实证研究 ········ 052
  5.3.1 京津冀科技创新与水资源利用的发展水平 ········ 052
  5.3.2 京津冀科技创新与水资源利用的适应性协调水平 ········ 056
 5.4 结论 ········ 057

第6章 京津冀经济发展的水资源利用现状评价与需求预测研究 ········ 060
 6.1 文献综述 ········ 060
 6.2 京津冀经济发展的水资源利用现状评价 ········ 062
  6.2.1 产业结构变动系数 ········ 062
  6.2.2 工农业水资源利用变化 ········ 064
  6.2.3 水资源盈亏平衡分析 ········ 066
  6.2.4 经济发展用水估算 ········ 073
  6.2.5 经济发展用水关联分析 ········ 074
 6.3 京津冀经济发展的水资源利用需求预测 ········ 076
  6.3.1 经济发展预测 ········ 076
  6.3.2 经济发展用水需求预测 ········ 078
 6.4 结论 ········ 079

第7章 京津冀经济发展与水资源利用脱钩评价研究 …………………… 083
7.1 文献综述 …………………………………………………………… 083
7.2 研究方法设计 ……………………………………………………… 085
7.2.1 经济发展与水资源利用脱钩评价模式 ……………………… 085
7.2.2 经济发展与水资源利用脱钩的驱动因素分解模型 ………… 086
7.3 实证研究 …………………………………………………………… 088
7.3.1 京津冀经济发展与水资源利用的脱钩态势评价 …………… 088
7.3.2 京津冀行业用水脱钩的驱动因素分解与驱动机理分析
………………………………………………………………… 094
7.4 结论 ………………………………………………………………… 097

第8章 京津冀经济发展与水资源利用协调评价研究 ………………… 101
8.1 文献综述 …………………………………………………………… 101
8.2 研究方法设计 ……………………………………………………… 103
8.2.1 水资源负载指数测算方法 …………………………………… 103
8.2.2 产业用水结构与产业结构协调评价模型 …………………… 104
8.2.3 经济发展与水资源利用协调评价模型 ……………………… 105
8.3 实证研究 …………………………………………………………… 108
8.3.1 京津冀水资源负载指数测算 ………………………………… 108
8.3.2 京津冀产业用水结构与产业结构协调评价 ………………… 110
8.3.3 京津冀经济发展与水资源利用协调度评价 ………………… 111
8.4 结论 ………………………………………………………………… 112

第1章
科技创新研究热点及演化的可视化研究

党的十六届五中全会明确提出了增强自主创新能力、建设创新型国家的战略。随后中国开始加速推动科技创新发展。党的十八大以来,中国政府不断完善科技创新体制机制,鼓励创新主体多元化,推动政产学研合作创新,推进科技资源优化配置,加速提升国家科技创新能力。党的十九届五中全会明确提出"坚持创新在我国现代化建设全局中的核心地位,把科技自立自强作为国家发展的战略支撑",强调"面向世界科技前沿、面向经济主战场,完善国家创新体系,加快建设科技强国"。国家发展"十四五"规划纲要从经济发展、创新驱动、民生福祉、绿色生态、安全保障五个方面,制定落实了"十四五"时期经济社会发展的主要指标,其中,创新驱动是推动中国国民经济和社会发展的重要驱动力,处于国家发展全局的核心位置。同时,国家发展"十四五"规划纲要提出"完善国家创新体系,提升企业技术创新能力,激发人才创新活力,完善科技创新体制机制,全社会研发经费投入年均增长7%以上",这为中国进一步强化国家战略科技力量,加快实现"跻身创新型国家前列"的国家发展战略目标提供了重要的战略支撑。为此,开展中国科技创新研究热点及演化的可视化分析研究,对于把握我国科技创新的研究热点和未来研究方向,完善国家创新体系具有重要意义。

1.1 研究方法与数据来源

(1) 研究方法

陈超美教授开发的 CiteSpace 软件作为用于分析和可视化共引网络的重要工具,能够将一个知识领域的演进历程集中展现在一幅引文网络图谱上,帮助把知识图谱上的引文节点文献和共引聚类所表征的研究前沿自动标识出来[1]。CiteSpace 软件主要包含三种常用可视化方式:聚类视图、时间线视图、时区视图。其中聚类视图侧重于体现聚类间的结构特征,时间线视图侧重于勾画聚类之间的关系和某个聚类中文献的历史跨度,时区视图侧重于从时间维度上来表示知识演进的视图。为此,应用 CiteSpace 软件,通过国内科技创新研究文献的科学计量学分析,对科技创新的研究热点及演化开展研究。

(2) 数据来源

中国科技创新研究热点及演化的数据样本取自 CNKI 数据库中的 CSSCI 期刊文献,文献检索词为"科技创新",文献检索时间为 1998—2020 年。通过剔除会议访谈、会议综述、会议报告等不利于数据分析的文献,共得到 2 853 篇文献。同时,选择 TOP 50 为选择标准,设置时间切片为 1,调节阈值得到中国科技创新研究的关键词共现图谱、关键词聚类图谱、时间线图、时区图。

1.2 科技创新研究的关键词共现分析与突变分布

(1) 关键词共现分析

关键词是一篇文章的精髓,出现次数最多的关键词常被用来确定某个研究领域的热点主题[2]。使用 CiteSpace 5.7.R2 中的关键词共现,从中国知网 CNKI 收录的 1998—2020 年 CSSCI 期刊中筛选出 2 853 篇科技创新文献,并进行数据转换,得到 CiteSpace5.7.R2 可处理的文件格式。同时,设置分板界面,时间设置为 1998—2020 年,Years per slice 默认数值为 1,节点类型选择"Keyword"。最终,得到中国科技创新研究的关键词共现图(见图 1.1)。

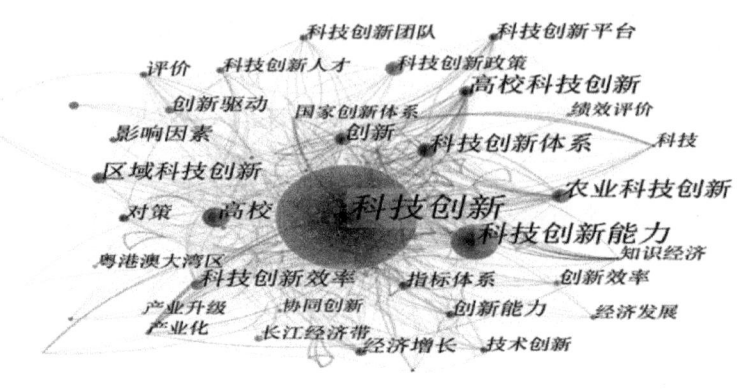

图 1.1 中国科技创新研究的关键词共现图

图 1.1 中,共包含节点 867 个,连线数量 1 820 条,网络密度为 0.004 8。其中,节点越大,说明该节点词的词频越高;频次越高,说明该词在网络中的中心性越高[3]。根据图 1.1 可知,中国科技创新的研究热点重点体现在科技创新能力、

科技创新效率、科技创新政策、科技创新体系、科技创新团队、科技创新平台、区域科技创新、农业科技创新、高校科技创新等方面。

(2) 关键词突变分布

突变词主要是以关键词为基础,在某个时间跨度所发表的文献中专业术语的突显,反映出不同时段的研究热点,主要表现在突变词的年代分布和突变强度两个方面[4]。应用 CiteSpace 软件,得到国内科技创新文献中前 20 个突变词,主要包括知识经济、农业、高新技术产业化、科技期刊、高校科技创新、研究型大学、科技创新体系、科技创新平台、机制、指标体系、知识产权、对策、技术创新、高校、自主创新、评价、创新能力、科技创新人才、科技创新政策、创新驱动(见表 1.1)。表 1.1 中,Year 表示该数据首次出现时间,Strength 表示的是突变强度,强度越高代表短时间内该关键词出现的频次越多。Begin 代表的是该关键词成为热点前沿的时间,End 表示该关键词热点前沿结束的时间,粗线表示突现词突现持续的时间。

表 1.1 中国科技创新文献中前 20 的关键词突变分布情况

Keywords	Year	Strength	Begin	End	1998—2020
知识经济	1998	6.44	1998	2001	
农业	1998	4.06	1999	2008	
高新技术产业化	1998	3.77	2000	2003	
科技期刊	1998	3.62	2000	2002	
高校科技创新	1998	6.38	2002	2006	
研究型大学	1998	3.49	2002	2008	
科技创新体系	1998	10.47	2003	2009	
科技创新平台	1998	3.9	2004	2005	
机制	1998	3.84	2004	2007	
指标体系	1998	6.54	2006	2010	
知识产权	1998	5.98	2006	2011	
对策	1998	5.48	2006	2012	
技术创新	1998	4.61	2006	2009	
高校	1998	5.86	2007	2009	
自主创新	1998	4.07	2007	2008	
评价	1998	3.7	2008	2013	
创新能力	1998	4.74	2009	2014	

续表

Keywords	Year	Strength	Begin	End	1998—2020
科技创新人才	1998	5.02	2010	2014	
科技创新政策	1998	4.7	2012	2020	
创新驱动	1998	5.37	2014	2020	

根据表 1.1 可知,从中国科技创新文献中前 20 的关键词突变分布情况来看,随着时间推移,中国科技创新的研究热点不断变化,主要可分为三个阶段。①2000—2006 年,农业科技创新、高校科技创新、研究型大学、科技创新体系与机制等成为主流的研究热点[5]。②2006—2012 年,科技创新体系、指标体系、知识产权、科技创新对策、技术创新、科技创新评价、科技创新能力、科技创新人才成为研究热点。③2012—2020 年,中国科技创新的研究热点主要集中在科技创新政策、创新驱动等方面。

1.3 科技创新研究的关键词聚类分析

1.3.1 关键词聚类图

CiteSpace 软件在聚类标签的提取上提供了 4 种算法:LSI(潜语义索引)、TF∗IDF 加权算法(系统默认的自动标签词提取算法)、LLR(对数似然比检验)、MI(互信息算法)[6]。综合来看,使用 LLR 算法进行的聚类所提取的标签更加符合实际情况且重复情况少。同时,Muscularity(模块化)度量了网络可以划分为多个独立块(模块)的程度。低模块化表明不能将网络简化为具有清晰边界的聚类,而高模块化则意味着网络结构良好。通常,Muscularity 的值介于 0.4~0.8 之间,说明适合聚类[7]。Silhouette(轮廓度量)是用来在解释聚类性质时估计聚类所涉及的不确定性。聚类的轮廓值在-1~1 之间,表示解释聚类的性质时需要考虑不确定性。通常,Silhouette>0.5,则聚类合理;Silhouette>0.7,则聚类令人信服。如果某一聚类的轮廓度量为 1,表示它与其他聚类完美分离[8-9]。为此,使用 LLR 算法,对国内科技创新文献的关键词进行聚类分析,其中,Muscularity Q=0.605 8,Silhouette=0.862 9。最终,得到中国科技创新研究文献的关键词聚类图(见图 1.2)。

根据图 1.2 可知,中国科技创新研究主要包括 8 个关键词聚类:♯0 科技创新、♯1 科技创新能力、♯2 科技创新效率、♯3 高校科技创新、♯4 创新能力、♯5

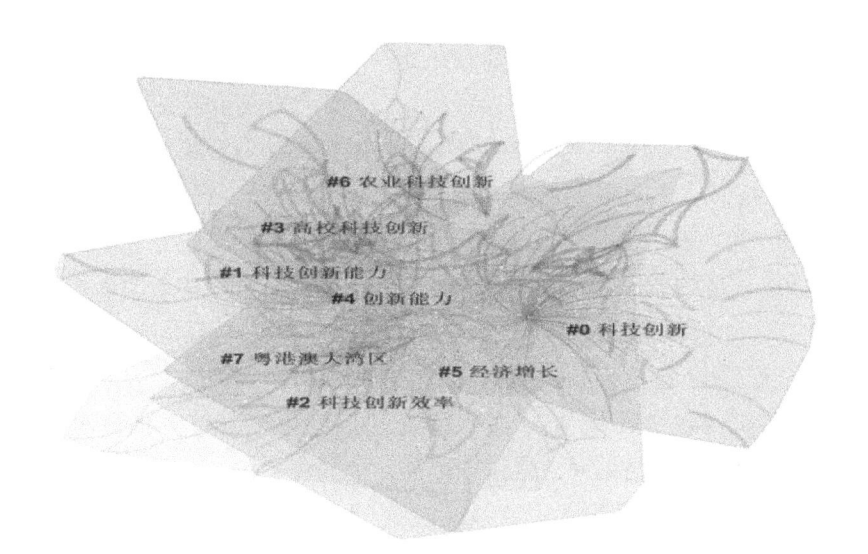

图 1.2　中国科技创新研究的关键词聚类图

经济增长、#6 农业科技创新、#7 粤港澳大湾区。其中,数字越小,说明聚类中包含的关键词越多。

1.3.2　时间线分析

以关键词聚类分析为基础,可进一步剖析中国科技创新研究的关键词聚类的时间演变趋势。选择 CiteSpace 软件中的"Timeline View",调整相关数值,得到中国科技创新研究的关键词时间线图(见图 1.3)。

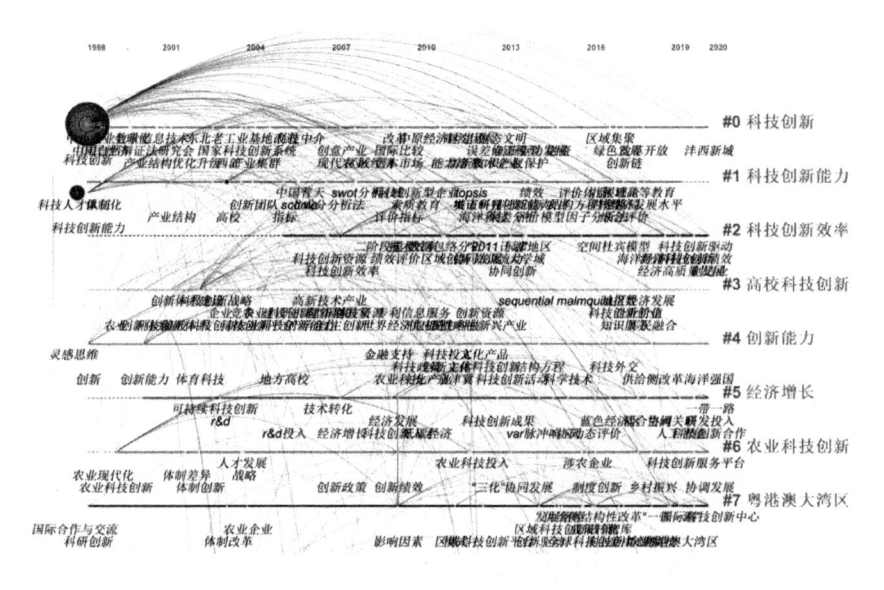

图 1.3　中国科技创新研究的关键词时间线图

根据图1.3,对中国科技创新研究的8个关键词聚类的时间线进行分析。其中:

①聚类"♯0 科技创新"与剩下的几个聚类连线较为密集,各聚类彼此之间的连线也较为密集,说明各个聚类之间具有高度相关性。该聚类时间线上最大的关键词节点是"科技创新",与该节点相关的文献最早出现在1998年。从图1.3中可看出,"科技创新"一直是研究热点并且频繁出现在其余的聚类中。

②聚类"♯1 科技创新能力"与聚类"♯0 科技创新"类似,该聚类时间线上最大的关键词节点是"科技创新能力",相关文献最早出现在1998年。究其原因,1998年,中科院实施"知识创新工程",作为建设国家创新体系的试点。同年5月,江泽民同志在庆祝北京大学建校100周年大会上宣告:"为了实现现代化,我国要有若干所具有世界先进水平的一流大学"[10]。同时,1998年出现"科技人才队伍""国家创新体系"等研究主题。

③聚类"♯2 科技创新效率"从2005年开始引起关注。该聚类上最早出现的关键词节点是"DEA方法"。DEA方法是1978年由美国著名运筹学家查恩斯(Clearness)、库伯(Cooper)和罗兹(Deerhound)等提出的,可评价具有多个输入和多个输出的决策单元的相对有效性[11]。如学者尤瑞玲等运用超效率DEA对2004—2015年北京市及中国沿海地区12个省(市、区)的科技创新效率进行了评价[12];李嘉怡等采用DEA方法评价了广东省21个地级市的科技创新能力[13]。研究发现,国内科技创新效率评价多以DEA方法为主,评价方式比较单一。

④聚类"♯3 高校科技创新"主要包括"研究性大学""人才培养""创新体系"等关键词节点,最早的关键词节点出现在1998年,这与聚类"♯1 科技创新能力"的关键词节点"科技人才队伍"出现的时代背景一致,说明从1998年起,国家重视高等院校人才培养。根据图1.3可知,2019—2020年,聚类"♯3 高校科技创新"的关键词节点几乎为零,说明2019—2020年该聚类的关注度降低。

⑤聚类"♯4 创新能力"中最大的关键词节点是"灵感思维"。学者许志峰对中外科技史上数百件灵感创新活动进行了概括,发现"灵感"是创新的重要思维方式之一[14]。此外,聚类"♯4 创新能力"包括"科技创新团队"、"人才"和"科技投入"等重要的关键词节点,均是影响创新能力的关键因素。党的十九大报告提出:"坚持陆海统筹,加快建设海洋强国",推动海洋科技创新是建设海洋强国必不可少的重要措施。2019年,中国创新能力的关注点从"人才""团队"转变为"海洋强国"。

⑥聚类"♯5 经济增长"中最大的关键词节点是"经济增长",相关文献最早

出现于2007年。聚类"#5经济增长"的关键词节点"经济增长"与其他7个聚类密不可分,其他7个聚类中均出现关键词节点"经济增长",说明科技创新与经济增长密切联系,科技创新是影响经济增长的关键驱动因素[15]。

⑦聚类"#6农业科技创新"中最大的关键词节点是"农业科技创新",相关文献最早出现在1998年,学者陈友云等从基本前提、根本目标、主要内容和必要措施4个方面,对中国新的农业技术革命进行了讨论,提出农业发展和科技进步必定会带来新的农业技术革命[16]。2012年中央一号文件聚焦农业科技创新,因此,2012—2020年,关键词节点"农业科技创新"出现的频次增多。

⑧聚类"#7粤港澳大湾区"涉及的文献较少,最早与之相关的文献出现在1998年,涉及关键词节点"国际合作与交流"。2019年2月18日,党中央、国务院正式公开发布《粤港澳大湾区发展规划纲要》。把粤港澳大湾区建设成"具有全球影响力的国际科技创新中心"是应对新一轮科技革命挑战、参与全球竞争、提高国家竞争力的重要砝码[17]。2019—2020年,与"粤港澳大湾区"相关的研究文献数量有所增加。

综观图1.3中的关键词时间线图分布发现,科技创新一直是中国政府管理部门和学术界的研究热点。但随着不同时期国家政策的调整,关注热点随之改变。同时,科技创新的成果不再单一应用于企业,也广泛应用于高校、农业等其他领域。

1.3.3 关键词时区分析

关键词时区图侧重于从时间维度上来表示知识演进,可清晰展示某领域文献的更新和相互影响[18]。为此,在剖析中国科技创新研究的关键词聚类的时间演变趋势基础上,进一步得到中国科技创新研究的关键词时区图(见图1.4)。

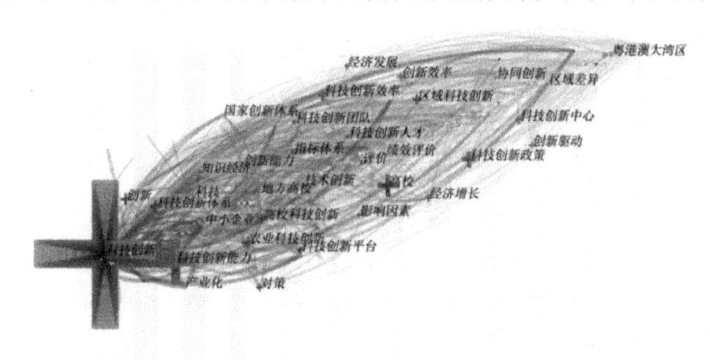

图1.4 中国科技创新研究的关键词时区图

根据图1.4可知,1998—2020年中国科技创新研究可划分为三个阶段[19-20]。①1998—2006年,中国科技创新研究主要以中小企业为主体,以政府支持为引导,构建国家创新体系,重点围绕农业科技创新、科技创新能力、高校科技创新、中小企业、科技创新体系、国家创新体系等关键词开展研究。②2006—2012年,中国科技创新研究主体多元化,不仅限于企业技术创新,同时涉及科技创新平台、科技创新团队、科技创新效率、科技创新评价、指标体系等研究主题。③2012—2020年,中国科技创新研究主要涉及科技创新政策、粤港澳大湾区、创新驱动、协同创新等研究主题,这些研究为推动中国区域科技协同创新、把中国建设成为科技强国提供了重要支撑。

1.4 结论

利用CiteSpace 5.7.R2绘制了中国科技创新研究文献的关键词共现图谱、关键词聚类图谱、关键词时间线图谱和关键词时区图。研究表明,不同时期中国科技创新研究的侧重点不同,中国科技创新不单以企业技术创新为重点研究方向,国家政策是影响科技创新研究的主导因素。创新是引领发展的第一动力,中国始终坚持创新驱动发展,把科技创新摆在国家发展全局的核心位置,以科技创新造福人类,努力成为世界领先的科技创新中心。

参考文献

[1] CHEN C M. Searching for intellectual turning points：Progressive knowledge domain visualization[J]. Proceedings of the National Academy of Sciences of the United States of America,2004,101：5303-5310.

[2] 孙新宇,姜华.国内外高等教育研究主题之比较分析[J].教育学术月刊,2014(1)：19-24.

[3] 曹晶,张沛黎,周亚丽.基于CiteSpaceⅢ的国外中亚研究分析[J].农业图书情报学刊,2018,30(9)：19-26.

[4] 陈绍辉,王岩.中国社会思潮研究的科学知识图谱分析——基于CiteSpace和Vosviewer的综合应用[J].上海交通大学学报(哲学社会科学版),2018,26(6)：22-30.

[5] 白静.新中国70年科技方针历史变迁[J].中国科技产业,2019(10)：7-8.

[6] CHEN C M, IBEKWE-SANJUAN F, HOU J H. The Structure and Dynamics of Cocitation Clusters：A Multiple-Perspective Cocitation Analysis[J]. Journal of the American Society for Information Science and Technology,2010,61(7)：1386-1409.

[7] 彭英,黄印,闫家梁.我国创新网络的知识图谱可视化研究——基于CNKI数据库

1990—2018 年数据的科学计量分析[J].电子商务,2019(6):62-65.

[8] CHEN C M, SONG M. Visualizing a field of research: A methodology of systematic scientometric reviews [J]. Plos One, 2019, 14(10): e0223994.

[9] 钟海燕,冷玉婷.基于知识图谱的成渝地区双城经济圈研究综述[J].重庆大学学报(社会科学版),2020,26(4):13-26.

[10] 曹希敬,袁志彬.新中国成立70年来重要科技政策盘点[J].科技导报,2019,37(18):20-30.

[11] 周静,王立杰,石晓军.我国不同地区高校科技创新的制度效率与规模效率研究[J].研究与发展管理,2005(1):109-117.

[12] 尤瑞玲,陈秋玲.我国沿海地区科技创新效率的省域差异研究[J].技术经济与管理研究,2017(5):119-123.

[13] 李嘉怡,田洪红,欧瑞秋.广东省地级市科技创新能力的DEA分析[J].统计与管理,2020(12):37-44.

[14] 许志峰.论科技创新中的灵感思维[J].科学技术与辩证法,1998(3):14-19+24.

[15] 徐庆贵.关于科技创新、产业结构升级与经济增长的研究[J].产业科技创新,2019,1(32):120-122.

[16] 陈友云,刘忠松.新的农业技术革命之管见[J].湖南农业大学学报,1998(2):83-87.

[17] 杜德斌.全球科技创新中心:世界趋势与中国的实践[J].科学,2018,70(6):15-18+69.

[18] 刘则渊.科学知识图谱方法与应用[M].北京:人民出版社,2008.

[19] 王晓鸿,范志雄.基于科学知识图谱分析的我国科技创新发展脉络研究[J].科技与经济,2020,33(2):16-20.

[20] 吴丹,向筱茜,冀晨辉.中国科技创新研究热点及演化的可视化分析[J].科技和产业,2021,21(9):1-6.

第 2 章
水资源研究热点及演化的可视化研究

党的十九届五中全会明确提出了"加快实施国家节水行动方案,建立水资源刚性约束制度;加强水利基础设施建设,提升水资源优化配置和水旱灾害防御能力"。以加快经济发展方式绿色转型为契机,深入开展水资源研究,促进人水和谐共生,提高水资源利用与经济社会发展的适应性,成为中国政府管理部门和学术界的研究热点。为此,立足中国的基本国情与水情,根据学者们从不同时空维度和研究视角开展中国水资源研究所形成的研究成果,对近十年 CNKI 数据库中收录的水资源研究文献进行科学计量分析,深度剖析中国近十年来水资源的研究现状和最新发展趋势。

2.1 水资源研究时空知识图谱分析

采用陈超美教授开发的 CiteSpace 软件[1-2],开展水资源研究时空知识图谱分析。数据样本取自 CNKI 数据库,根据主题搜索 CSSCI 期刊文献,检索词为:水资源,检索时间为 2010—2020 年。通过剔除会议访谈、会议综述、会议报告等不利于数据分析的文献,共得到 3 070 篇文献。

2.1.1 时间分布图谱

年度发文数量是衡量中国水资源研究热度与发展趋势的重要指标。通过 CiteSpace 软件分析,2010—2020 年,中国水资源研究 CNKI 的 CSSCI 期刊发文量主要经历了三个阶段:①2010—2015 年,发文量呈现平稳状态,年均发文量达到 400 篇以上,其中 2012 年的发文量达到峰值,共 555 篇;②2016—2018 年,发文量开始趋于下降,其中 2018 年的发文量达到最低值,仅 177 篇;③2019—2020

年,发文量有所回升,保持年均 300 篇以上(见图 2.1)。

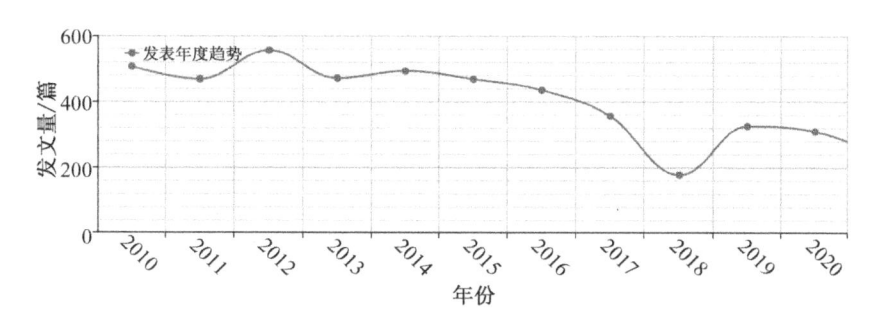

图 2.1 中国水资源研究 CNKI 的 CSSCI 期刊发文量

根据图 2.1 可知,近十年来,水资源研究一直是中国政府管理部门和学者们关注的学术热点。与 2010—2016 年相比,近两年国内水资源研究的发文量呈下降态势,说明中国水资源研究进入沉淀期,如何破解水资源利用与经济社会发展适应性的难题,作为中国水资源研究文献新的增长点,现已成为中国政府部门和学者们高度关注的热点问题。

2.1.2 空间分布图谱

(1) 发文作者合作分析

应用 CiteSpace 软件,把 Node types 设定为 Author,时间跨度为 2010—2020 年,时间切片为 1 年,分析得到中国水资源研究的作者合作知识图谱(见图 2.2)。

图 2.2 中国水资源研究的作者合作知识图谱

图 2.2 中,节点越大,说明该作者在水资源研究方面的发文量越多;连线越粗,说明作者间的合作越频繁;密度越大,说明作者间的合作程度越高。同时,多个节点间可以形成子网络,表示这一群体作者之间的交流较多。通过 CiteSpace 软件分析,中国水资源研究的作者合作知识图谱显示:N=563,E=624,Density=0.003 9,说明国内水资源研究的作者之间合作程度不高。其中,郑州大学的左其亭教授为发文量最多的作者。

(2) 发文机构合作分析

应用 CiteSpace 软件,可进一步得到 2010—2020 年中国水资源研究机构合作知识图谱(见图 2.3)。图谱中共有 445 个节点,409 条连接,网络密度为 0.004 1。总体来看,中国水资源研究的机构众多,各机构分布较为集中,并且连线较多,说明各机构之间有一定的合作交流关系。

图 2.3 中国水资源研究机构合作知识图谱

发文量一定程度上反映了该机构在水资源研究领域的实力[3]。根据图 2.3,对中国水资源研究发文量前 10 的机构进行统计分析(见表 2.1),发文量共计 489 篇。

表 2.1   中国水资源研究发文量前 10 位机构   单位:篇

排序	机构名称	发文量
1	河海大学水文水资源学院	73
2	河海大学商学院	73
3	中国水利水电科学研究院	54
4	中国科学院地理科学与资源研究所	51
5	中国科学院大学	47
6	武汉大学水资源与水电工程科学国家重点实验室	43
7	中国水利水电科学研究院水资源研究所	42
8	中国水利水电科学研究院流域水循环模拟与调控国家重点实验室	38
9	郑州大学水利与环境学院	35
10	河海大学水文水资源与水利工程科学国家重点实验室	33

根据表 2.1 可知,国内水资源研究实力较强的机构以高校和科研中心为主。从发文量占比来看,河海大学更具竞争力,占比高达 36.6%;其次为中国水利水电科学研究院,占比为 27.4%。

2.2　水资源研究热点的关键词分析

2.2.1　关键词共现分析

关键词是一篇文章的精髓,出现次数最多的关键词常被用来确定某个研究领域的热点主题[4]。为此,应用 CiteSpace 5.7.R3 中的关键词共现,探索中国水资源研究热点的关键词,得到中国水资源研究热点的关键词共现网络图谱(见图 2.4)。

图 2.4 中包含节点 567 个,连线数量 3 267 条,网络密度为 0.020 4。圆圈越大,表示关键词出现的频次越大[5]。根据图 2.4 可知,水资源承载力、水资源管理、水资源利用、水资源配置出现的频次明显高于其他关键词。同时,水资源安全、指标体系、水资源保护、城镇化等关键词出现的频次也相对较高。

(1) 水资源承载力研究

20 世纪 80 年代,国内学者将承载力的概念引入水资源领域。学者施雅风首次提出水资源承载力的概念,即在一定的社会历史和科学技术发展阶段,在不破坏社会和生态系统的条件下,某一区域的水资源能够承载工业、农业、城市规

图 2.4　中国水资源研究热点的关键词共现网络图谱

模和人口的最大能力[6]。此后,姚治君等[7]、段青春等[8]学者从不同的角度阐述和丰富了水资源承载力的概念。同时,水资源承载力评价指标设计从静态的单一指标发展到多指标,水资源承载力评价方法主要包括综合评价方法[9]、主成分分析法[10]、BP 神经网络法[11]、生态足迹法[12]等方法。

(2) 水资源管理研究

水资源管理是一门涉及生态学、社会学、管理学的综合性交叉学科,不仅包括对水资源的数量和质量进行管理,还包括对与水资源相关的各要素及关系进行管理[13],如水环境、水生态、水安全方面的管理。中国自 20 世纪 90 年代开始出现水资源管理的研究文献,学者们从不同时空视角对水资源管理开展研究。我国水资源时空分布不均,而经济社会发展对水资源利用的需求较为凸显,导致水资源与经济发展社会发展的适应性仍面临较大的挑战。目前,中国仍处于水资源管理强化阶段,亟需以水利高质量发展支撑经济社会高质量发展,水资源管理的主要工作包括:创新水资源管理理念与思路、加强水利基础设施建设、强化用水总量和强度双控行动、建立健全水资源管理体制机制、完善水资源监管与投资保障机制[14-15]。

(3) 水资源利用研究

水资源利用包含了水资源禀赋情况以及经济社会发展对水资源的使用情况,主要是通过一些措施和手段,实现对中国流域和区域生活、生产、生态等水资源的综合利用。目前,国内水资源利用的研究文献主要集中在水资源利用效率评价、水资源利用与经济发展脱钩评价等方面,包括评价体系设计、评价方法构建等内容,如层次分析法、模糊综合评价法、主成分分析法、数据包络分析法、聚类分析方法等[16-20]。研究表明,探索普适性的水资源利用评价指标和评价方法仍是中国水资源利用评价的重点。

(4) 水资源配置研究

水资源配置是按照中国水资源的时空分布,以及经济社会发展与对水资源需求的差异情况,对水资源进行初始分配和再分配的过程。水资源配置重在解决生活用水保障、农业灌溉、工业生产和生态安全保障,协调上下游、城镇与乡村、流域与区域等经济社会环境问题[21]。中国自20世纪60年代开始水资源配置研究,最初是以水库的优化调度为研究对象。近年来,中国水资源配置研究的核心转变为优化水资源配置模式、协调不同行业用水冲突、解决经济社会发展和生态环境建设的不平衡性。目前,中国水资源配置研究主要涉及水资源配置模式、水资源优化配置模型、水资源配置方案评价的研究[22]。

2.2.2 关键词聚类分析

CiteSpace在聚类标签的提取上提供了4种算法:LSI(潜语义索引)、TF*IDF加权算法(系统默认的自动标签词提取算法)、LLR(对数似然比检验)、MI(互信息算法)[23]。综合来看,使用LLR算法进行的聚类所提取的标签更加符合实际情况且重复情况少。为此,使用LLR算法对中国水资源研究热点的关键词进行聚类分析,得到中国水资源研究热点的关键词聚类知识图谱(见图2.5)。

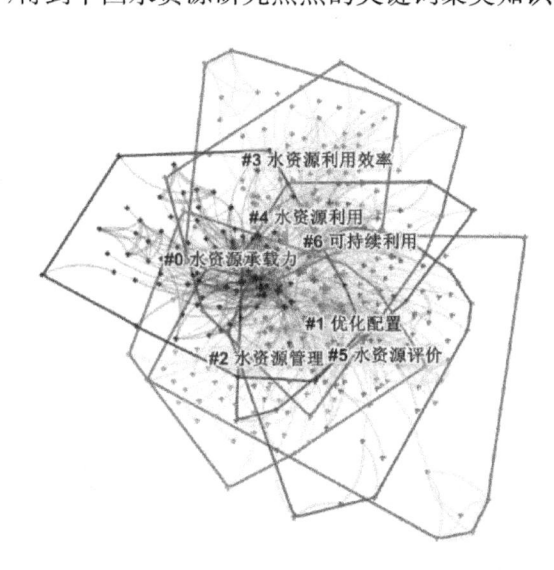

图2.5 中国水资源研究热点的关键词聚类知识图谱

针对中国水资源研究热点的关键词聚类分析,Silhouette(轮廓度量)是用来在解释聚类性质时估计聚类所涉及的不确定性。聚类的轮廓值在-1~1之间,表示解释聚类的性质时需要考虑不确定性。通常,Silhouette>0.5,说明聚类合理;Silhouette>0.7,意味聚类是令人信服的。如果某一聚类的轮廓度量为1,表示它与其他聚类完美分离[24]。此次聚类运行结果中,Weighted Mean Silhouette=0.7324。

根据图2.5可知,中国水资源研究热点的关键词共分为7个聚类,主要包括"♯0 水资源承载力"、"♯1 水资源优化配置"、"♯2 水资源管理"、"♯3 水资源利用效率"、"♯4 水资源利用"、"♯5 水资源评价"和"♯6 水资源可持续利用"。其中,数字越小,说明聚类中包含的关键词越多。研究表明,水资源承载力、水资源优化配置、水资源管理仍是中国水资源研究的热点问题。

2.3 水资源研究热点的关键词突变分布

突变词主要是以关键词为基础,在某个时间跨度所发表的文献中专业术语的突显,反映出不同时段的研究热点,主要表现在突变词的年代分布和突变强度两个方面[25]。应用CiteSpace软件,得到国内水资源研究文献中前20个关键词的突变分布情况(见表2.2)。

表2.2 2010—2020年中国水资源研究热点的前20个关键词突变分布

Keywords	Year	Strength	Begin	End	2010—2020
石羊河流域	2010	5.89	2010	2013	
可持续利用	2010	4.22	2010	2011	
长江流域	2010	3.43	2010	2011	
评价指标	2010	3.14	2010	2011	
合理配置	2010	2.68	2010	2012	
海河流域	2010	3.72	2011	2013	
最严格水资源管理制度	2010	5.35	2014	2016	
利用效率	2010	4.29	2014	2017	
水资源环境	2010	2.61	2014	2018	
城市发展	2010	2.53	2014	2015	
水资源压力	2010	3.81	2015	2020	
水资源消耗	2010	3.26	2015	2018	

续表

Keywords	Year	Strength	Begin	End	2010—2020
经济增长	2010	3.43	2016	2017	
基尼系数	2010	3.18	2016	2020	
城镇化	2010	4.33	2017	2020	
耦合协调度	2010	2.89	2017	2020	
水资源承载力	2010	3.9	2018	2020	
水资源调控	2010	3.16	2018	2020	
水资源资产	2010	2.63	2018	2020	

根据表 2.2 可知,2010—2013 年,可持续利用、评价指标、合理配置等成为中国水资源研究的主要突现词,石羊河流域、长江流域和海河流域成为该时期的重点关注流域。2014—2016 年,最严格水资源管理制度、利用效率、水资源环境、水资源消耗等成为中国水资源研究的主要突现词,水资源与城市发展、经济增长的关系成为该时期的研究热点。2017—2020 年,基尼系数、城镇化、耦合协调度水资源承载力、水资源调控、水资源资产等成为中国水资源研究的主要突现词,水资源与城镇化的关系、水资源调控与经济社会发展的适应性、水资源与产业结构的耦合协调成为该时期的研究热点。

2.4 结论

以 2010—2020 年 CNKI 数据库中的 CSSCI 为数据来源,使用 CiteSpace 绘制科学知识图谱,开展中国水资源研究时空知识图谱分析、关键词共现分析与聚类分析、关键词突变分布的可视化分析[26]。研究表明,水资源研究一直是中国政府管理部门和学术界关注的热点,近十年来年发文量基本保持在 300 篇以上。中国水资源研究主要集中在水资源承载力、水资源管理、水资源利用、水资源配置等方面,学者们多采用指标体系、熵权法、主成分分析法、模糊综合评价等方法开展水资源配置与评价研究。未来,水资源承载力、水资源管理、水资源利用、水资源优化配置仍是中国水资源研究的热点问题。

参考文献

[1] CHEN C M. Searching for intellectual turning points: Progressive knowledge domain visualization [J]. Proceedings of the National Academy of Sciences of the United States

of America,2004,101:5303-5310.

[2] 顾冬冬.基于CiteSpace的农业水资源利用研究进展[J].新疆农垦经济,2020(4):84-92.

[3] 伍新木,任俊霖,孙博文,等.基于文献分析工具的国内水资源管理研究论文的可视化综述[J].长江流域资源与环境,2015,24(3):489-497.

[4] 孙新宇,姜华.国内外高等教育研究主题之比较分析[J].教育学术月刊,2014(1):19-24.

[5] 陈思源,陆丹丹,程海梅.基于科技文本挖掘的我国水资源研究知识图谱分析[J].水文,2019,39(2):61-66.

[6] 施雅风.曲耀光.乌鲁木齐河流域水资源承载力及其合理利用[M].北京:科学出版社,1992:48-63.

[7] 姚治君,王建华,江东,等.区域水资源承载力的研究进展及其理论探析[J].水科学进展,2002(1):111-115.

[8] 段春青,刘昌明,陈晓楠,等.区域水资源承载力概念及研究方法的探讨[J].地理学报,2010,65(1):82-90.

[9] 席丹墀,许新宜,韩冬梅,等.京津冀地区水资源承载力评价[J].北京师范大学学报(自然科学版),2017,53(5):575-581.

[10] 曹丽娟,张小平.基于主成分分析的甘肃省水资源承载力评价[J].干旱区地理,2017,40(4):906-912.

[11] 杨琳琳,李波,付奇.基于BP神经网络模型的新疆水资源承载力情景分析[J].北京师范大学学报(自然科学版),2016,52(2):216-222.

[12] 赵静,王颖,赵春子,等.延边州水资源生态足迹与承载力动态研究[J].中国农业大学学报,2017,22(12):74-82.

[13] 伍新木,任俊霖,孙博文,等.基于文献分析工具的国内水资源管理研究论文的可视化综述[J].长江流域资源与环境,2015,24(3):489-497.

[14] 王亚华.以高质量发展为主题编制好"十四五"水利规划[J].中国水利,2021(2):3+9.

[15] 李蓉琳.中国水资源管理创新研究[J].经济研究导刊,2020(25):152-153.

[16] 魏素娟,张钰.基于AHP法对甘肃内陆河流域水资源可持续利用的评价[J].安徽农业科学,2011,39(1):483-485.

[17] 祝慧娜,袁兴中,梁婕,等.河流水环境污染风险模糊综合评价模型[J].中国环境科学,2011,31(3):516-521.

[18] 孟令爽,唐德善,史毅超.基于主成分分析法的用水效率评价[J].人民长江,2018,49(5):36-40.

[19] 赵晨,王远,谷学明,等.基于数据包络分析的江苏省水资源利用效率[J].生态学报,2013,33(5):1636-1644.

[20] 吴琼,常浩娟,刘昭.基于聚类的我国各地区水资源利用效率分析[J].人民长江,2018,

49(14):55-60.
[21] 卢文峰,胡蝶.水资源配置研究概述[J].人民长江,2014,45(S2):1-5.
[22] 聂春霞,李韧.基于水安全的区域水资源配置方案评价及优选——以天山北坡城市群为例[J].生态经济,2020,36(7):154-163.
[23] CHEN C M,IBEKWE-SANJUAN F,HOU J H. The Structure and Dynamics of Cocitation Clusters:A Multiple-Perspective Cocitation Analysis [J]. Journal of the American Society for Information Science and Technology,2010,61(7):1386-1409.
[24] CHEN C M,SONG M. Visualizing a field of research:A methodology of systematic scientometric reviews [J]. Plos One,2019,14(10):e0223994.
[25] 陈绍辉,王岩.中国社会思潮研究的科学知识图谱分析——基于CiteSpace和Vosviewer的综合应用[J].上海交通大学学报(哲学社会科学版),2018,26(6):22-30.
[26] 吴丹,向筱茜,冀晨辉.中国水资源研究热点及演化的可视化分析[J].科技和产业,2021,21(10):43-48.

第 3 章
经济发展研究热点及演化的可视化研究

中国经济发展研究一直是党和国家关注的重中之重。自改革开放以来,中国经济经历了近40年的高速增长时期,与此同时也取得了举世瞩目的增长奇迹,一跃成为世界第二大经济体和亚洲第一大经济体。党的十九大报告明确指出"现阶段我国已由高速增长阶段转入高质量发展阶段",经济增速放缓,高速增长已不是现阶段我国经济追求的唯一目标,转变发展方式、优化经济结构、转换增长动力、建设现代化经济体系是我国经济发展的战略目标。十九届六中全会指出,中国经济现在面临着"三期叠加"的态势,第一是经济增长速度换挡期;第二是经济结构调整阵痛期;第三是前期刺激政策消化期。以加快中国经济高质量发展为契机,深入开展中国经济发展研究,成为中国政府管理部门和学术界的研究热点。为此,立足中国的基本国情,根据学界从不同时空维度和研究视角开展中国经济研究所形成的研究成果,对中国知网(CNKI)数据库中收录的中国经济发展研究文献进行科学计量分析,深度剖析中国经济研究现状和最新发展趋势。通过系统分析中国经济发展研究的文献特征,确定经济发展知识图谱上的引文节点文献和突显关键词所表征的研究前沿热点,明晰中国经济发展研究现状,有利于为深化中国经济发展研究提供经验借鉴。

3.1 文献特征分析

为了系统分析把握学界对中国经济发展研究的研究状况和进展情况,基于CNKI数据库,选取1998—2020年的CSSCI来源期刊(含扩展版)为研究样本。在高级检索中按照①篇名="经济发展"并含"经济高质量发展";②篇名="中国"或含"我国"检索相关文献,最终得到2 775篇文献。

3.1.1 发文量统计

年度发文数量是衡量中国经济发展研究热度与发展趋势的重要指标。1998—2020 年,中国经济发展研究 CNKI 的 CSSCI 期刊发文量总体呈波动上升态势(见图 3.1)。

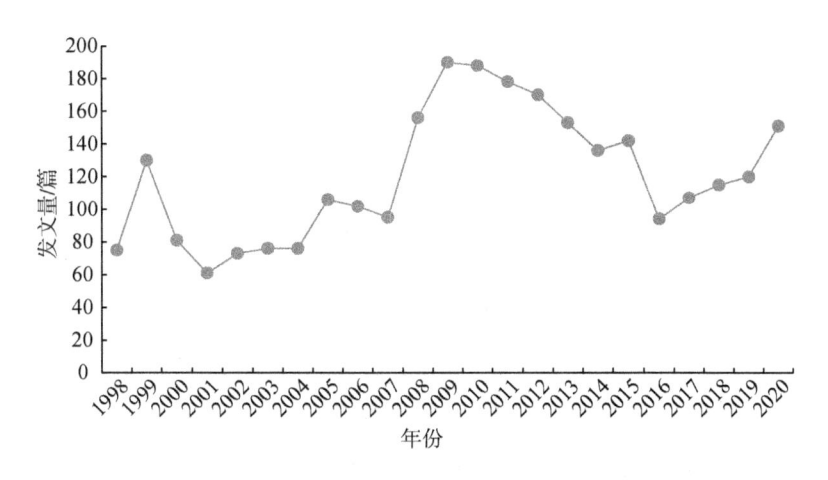

图 3.1 中国经济发展研究 CNKI 的 CSSCI 期刊发文量

根据图 3.1 可知,中国经济发展研究 CNKI 的 CSSCI 期刊发文量主要经历了"波动上升—下降—持续上升"3 个阶段:①波动上升阶段(1998—2009 年),年均发文量达到 101 篇以上;②下降阶段(2009—2016 年),年均发文量达到 156 篇以上;③持续上升阶段(2016—2020 年),年均发文量达到 118 篇以上。其中,2017 年,党的十九大报告提出"我国经济已由高速增长阶段转向高质量发展阶段",高质量发展成为经济社会发展各个领域的研究热点。因此,自 2017 年开始,发文量再次逐年上升。图 3.1 显示,有关中国经济发展的研究一直受到学术界的高度关注,根据对当前文献数量的变化趋势预判,未来该领域的发文量还将持续增加。

3.1.2 机构合作分布

高校和研究机构合作分布反映了高校和研究机构在该领域的研究实力。运用 CiteSpace 可视化分析软件,得到排序前 10 的高校和研究机构发文量(见表 3.1)、高校和研究机构合作图谱(见图 3.2)。

表 3.1　1998—2020 年排序前 10 的高校和研究机构发文量

单位：篇

序号	单位名称	发文量	序号	单位名称	发文量
1	中国社会科学院	119	6	武汉大学	56
2	中国人民大学	70	7	北京大学	50
3	南开大学	61	8	复旦大学	43
4	吉林大学	61	9	南京大学	42
5	西北大学	58	10	中南财经政法大学	38

从表 3.1 中排序前 10 的高校和研究机构发文量看，目前中国社会科学院的发文量排第一，其发文量占比约 4%。中国人民大学发文量排第二，其发文量占比约 3%。

图 3.2　1998—2020 年中国经济发展研究的机构合作图谱

图 3.2 中，字体的大小与高校和研究机构发文量呈正相关关系，连线体现了不同高校和研究机构之间的合作关系，连线越粗则合作越紧密，无连线则说明没有合作关系。根据图 3.2 可知，中国社会科学院成为该领域研究最核心的代表性高校机构。同时，中国人民大学、武汉大学、西北大学、南京大学、西安交通大学、吉林大学等成为次核心的代表性高校与研究机构。此外，该领域研究已形成了多个合作较紧密的高校和研究机构团体，如中国科学院地理科学与资源研究所-南京师范大学地理科学学院、北京大学经济学院-中南大学商学院、中国社会科学院-中国人民大学-南京大学经济学院、中国社会科学院-西北大学经济管理学院-中央财经大学经济学院、中国社会科学院-重庆大学经济与工商管理学院-浙江工商大学经济学院等，其中以中国社会科学院为中心的团队规模最大。

3.1.3 作者合作特征

作者是科学研究的主体、科研项目的直接参与者,也是科学研究的推动者,一般可以用发文量来衡量作者的科研能力和学术影响力。实践表明,高产出作者对科学研究领域起着举足轻重的作用。作者合作直接反映了我国经济发展领域研究成果和学术共享情况,有利于提高作者们在该领域研究成果的质量和学术影响力[1]。运用 CiteSpace 可视化分析软件,得到 1998—2020 年该领域研究的作者合作知识图谱(见图 3.3)。图 3.3 中,每个节点代表相应的作者,每条连线代表作者之间的合作关系,连线越粗则作者合作越紧密。

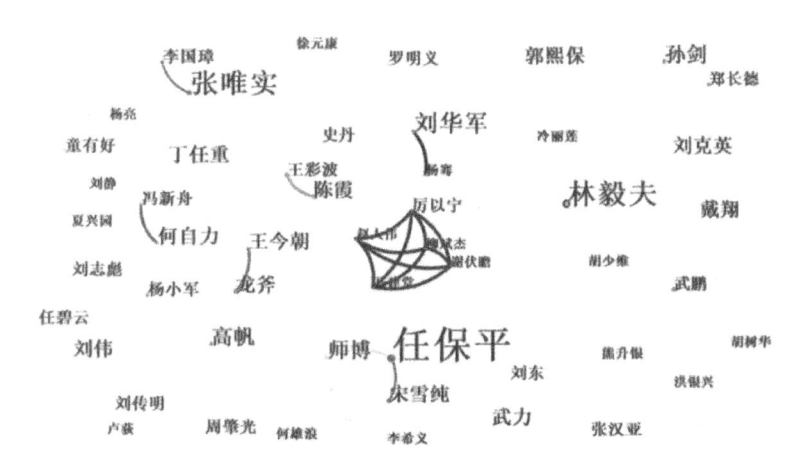

图 3.3　1998—2020 年中国经济发展研究的作者合作知识图谱

根据图 3.3 可知,该领域研究的作者合作较密切,以 2 个作者合作的学术团体居多,如李国彰-张唯实、王彩波-陈霞、何自力-冯新舟、龙斧-王今朝、刘华军-杨骞。同时,涉及 3 个及以上作者合作的学术团队,如任保平-师傅-宋雪纯、厉以宁-赵大伟-柳斌杰-谢伏瞻-马建堂。

依据图 3.3,借鉴美国著名科学计量学专家普莱斯对高产学者的界定公式[2],对该领域研究的核心作者进行筛选,即

$$m = 0.749\sqrt{n_{\max}} \qquad (3.1)$$

式(3.1)中,m 为筛选标准,即核心作者发文量的下限值;$n_{\max}$ 为最高产学者的发文量。

根据式(3.1),选取该领域发文量最多的作者任保平发表的文献数 26 作为参照值,即 $n_{\max}=26$,确定核心作者群。经计算得到 $m=3.82$,表明发文量达到 4

篇以上即为核心作者。通过文献梳理,该领域研究的核心作者如表3.2所示。

表3.2 中国经济发展研究的CSSCI期刊核心作者

发文频次	核心作者
6篇以上	任保平(26篇)、林毅夫(10篇)、张唯实(9篇)、刘华军(6篇)
5篇	孙剑、高帆、师傅
4篇	刘伟、戴翔、宋雪纯、龙斧、郭熙保、何自力、陈霞、刘克英、丁任重、王今朝、武力

根据普莱斯定律[2],研究领域核心作者的发文量应占总发文量的50%。表3.2中核心作者虽代表了该领域的中坚力量,但其发文量占本研究领域CSSCI刊文献总量的4%。因此,该领域亟需加快形成稳定的核心作者群体。

3.2 中国经济发展研究热点分析

3.2.1 热点关键词分析

(1)关键词共现分析

关键词作为学术论文的重要组成部分和精髓,是学者对论文核心研究内容的精炼,代表文献的核心议题和研究领域,文献中高频次出现的关键词可视为该领域的研究热点[3]。通过对1998—2020年该领域研究的CSSCI期刊文献进行关键词共现分析,得到关键词共现网络图谱(见图3.4)、频次和中心性前20的关键词(见表3.3)。

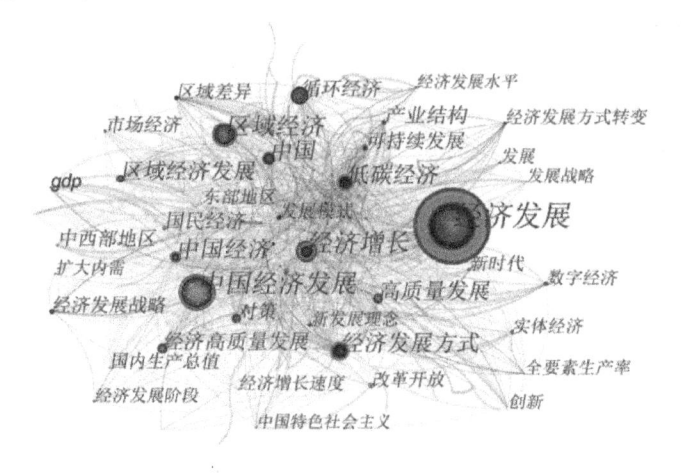

图3.4 1998—2020年中国经济发展研究的关键词共现网络图谱

表 3.3 频次和中心性前 20 的关键词

排序	频数			排序	中心性		
	频次	中心性	关键词		中心性	频次	关键词
1	404	0.49	经济发展	1	0.49	404	经济发展
2	176	0.24	中国经济发展	2	0.24	176	中国经济发展
3	113	0.12	区域经济	3	0.14	100	经济增长
4	100	0.14	经济增长	4	0.13	78	中国
5	86	0.09	低碳经济	5	0.12	113	区域经济
6	81	0.06	经济发展方式	6	0.09	86	低碳经济
7	78	0.13	中国	7	0.09	65	中国经济
8	71	0.03	循环经济	8	0.06	81	经济发展方式
9	69	0.06	高质量发展	9	0.06	69	高质量发展
10	65	0.09	中国经济	10	0.06	46	区域经济发展
11	46	0.06	区域经济发展	11	0.05	17	中西部地区
12	44	0.04	经济高质量发展	12	0.04	44	经济高质量发展
13	40	0.03	对策	13	0.04	33	可持续发展
14	35	0.02	发展模式	14	0.04	32	产业结构
15	33	0.04	可持续发展	15	0.04	12	东部地区
16	32	0.04	产业结构	16	0.03	71	循环经济
17	29	0.03	经济发展战略	17	0.03	40	对策
18	28	0.03	市场经济	18	0.03	29	经济发展战略
19	26	0.02	新常态	19	0.03	28	市场经济
20	26	0	民营经济	20	0.03	21	实体经济

针对图 3.4 的关键词共现网络图谱,关键词之间的连线代表两个关键词出现在同一篇文献,连线越粗则共现频次越高。年轮的厚度与关键词词频成正比,节点越大、关键词字体越大,则该关键词总体频次越高[3]。表 3.3 中,关键词的中心性主要用于测度节点在关键词共现网络图谱中的重要性。通常,关键词的中心性数值大于等于 0.1,说明该关键词具有高中心性,在关键词共现网络图谱中具有重要影响力。关键词的出现频次与其中心性并不存在必然的相关,即高频关键词并不一定是高中心性关键词,而出现频次与中心性数值均高的关键词在关键词共现网络图谱中的作用更为关键。

综上，根据图3.4和表3.3可知，首先，按照年轮的厚度，节点"经济发展"在关键词共现网络图谱中频次最高，中心性最大，与其他关键词连接线最为密集。其次，"中国经济发展"、"经济增长"、"区域经济"、"低碳经济"、"中国"、"高质量发展"和"经济高质量发展"等词同时具有高频次和高中心性，凸显了1998—2020年该领域的核心研究主题。同时，依据表3.3，以关键词词频频数为X轴，中心性为Y轴，形成关键词战略图（见图3.5），更为直观的判断该领域研究热点与趋势。考虑到关键词"经济发展"的频次与中心性均较高，可能影响关键词战略图的分布，因此不显示在图3.5中。

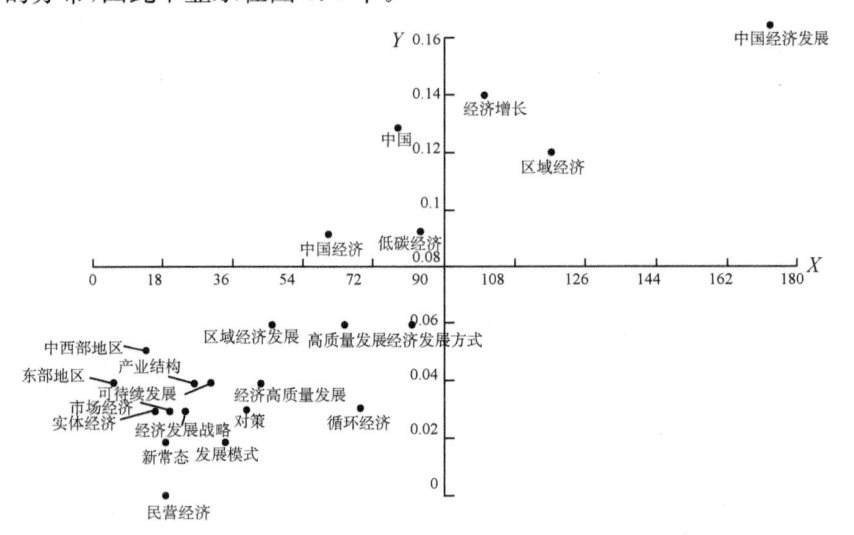

图3.5　1998—2020年中国经济发展研究的关键词战略图

图3.5中，第一象限为主流区域，主要由"中国经济发展"、"区域经济"和"经济增长"3个具有高频次和高中心性的关键词组成，表明该领域研究这3个关键词代表的研究主题成果丰硕且与其他主题存在较高关联性，是当前研究的热门及重要话题。

第二象限为潜力区域，以"中国"、"中国经济"和"低碳经济"3个具有低频次和高中心性的关键词为主，表明该领域研究的这些关键词在研究网络中处于较核心地位，是该领域具有研究潜力的重要话题。

第三象限为新兴区域，分布较为密集，表明以"经济发展方式"、"高质量发展"、"区域经济发展"、"经济高质量发展"、"循环经济"和"新常态"等关键词代表的研究主题将发展为新兴研究热点。这充分说明该领域研究不断进发新的研究热点，中国已进入经济高质量发展阶段，具体表现为转变经济发展方式、优化经济结构、探索新的经济发展战略等。

（2）关键词突变分布

突变词主要是以关键词为基础，在某个时间跨度内所发表的文献中专业术语的突显，也反映出该时段的研究热点，主要表现在突变词的年代分布和突变强度两个方面[4]。在图 3.4 的基础上，得到 1998—2020 年中国经济发展研究的前 20 个关键词的突变分布（见表 3.4）。

表 3.4　1998—2020 年中国经济发展研究的前 20 个关键词突变分布

Keywords	Year	Strength	Begin	End	1998—2020
中国经济发展	1998	35.72	1998	2002	
知识经济	1998	9.82	1998	2002	
中西部地区	1998	7.19	1998	2004	
经济增长速度	1998	6.41	1999	2001	
发展战略	1998	5.8	2001	2006	
对策	1998	11.18	2002	2009	
循环经济	1998	12.96	2004	2010	
区域经济	1998	6.07	2005	2008	
经济发展方式	1998	18.25	2009	2015	
金融危机	1998	8.66	2009	2010	
经济发展模式	1998	6.21	2009	2013	
低碳经济	1998	28.05	2010	2015	
经济发展方式转变	1998	7.43	2011	2013	
实体经济	1998	6.95	2013	2020	
新常态	1998	14.02	2014	2017	
创新驱动	1998	6.35	2015	2020	
数字经济	1998	10.61	2017	2020	
新时代	1998	8.58	2017	2020	
经济高质量发展	1998	23.94	2018	2020	
新发展理念	1998	7.54	2018	2020	

根据表 3.4 可知，1998—2009 年，中国经济发展、知识经济、经济增长速度、

区域经济、发展战略等成为中国经济发展研究的主要突现词,中西部地区成为该时期重点关注的地区。2010—2016年,经济发展方式、经济发展模式、低碳经济、实体经济、新常态等成为中国经济发展的主要突现词。随着时间的不断推移,研究热点也随之变化,党的十九大提出我国经济已由高速增长阶段转向高质量发展阶段,2017—2020年,经济高质量发展、新时代、新发展理念等成为突现词和研究热点。

3.2.2 研究热点主题分析

CiteSpace 在聚类标签的提取上提供了4种算法:LSI(潜语义索引)、TF*IDF 加权算法(系统默认的自动标签词提取算法)、LLR(对数似然比检验)、MI(互信息算法)[5]。综合来看,使用 LLR 算法进行的聚类所提取的标签更加符合实际情况且重复情况少。为此,使用对数似然法(LLR)对高频关键词进行聚类,得到中国经济发展研究的关键词聚类图谱(见图3.6)。

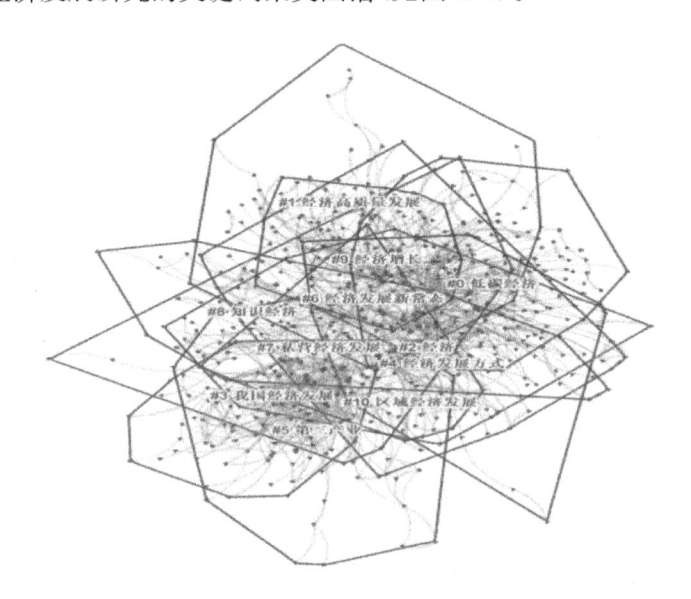

图 3.6 1998—2020 年中国经济发展研究热点的关键词聚类知识图谱

通常,衡量聚类好坏的指标有两个,分别是 Q 值和 S 值,Q 值是模块值,表示模块化程度,其大小代表聚类显著性,S 值是平均轮廓值,表示模块内部聚类的好坏,其大小代表聚类合理性。一般情况下,Q 值大于 0.3 表示聚类是显著的,Q 值大于 0.7 表示聚类是令人信服的;S 值大于 0.5 表示聚类是合理的,S 值大于 0.7 表示聚类效果是令人信服的[6]。通过对中国经济发展研究的 CSSCI 期刊文献进行聚类分析,得到模块值 Modularity Q 为 0.751,说明聚类结果可信，平均轮廓值 Mean S 为 0.838，说明聚类结果合理。

根据图 3.6 可知，中国经济发展研究热点的关键词共分为 11 个聚类，主要包括"♯0 低碳经济"、"♯1 经济高质量发展"、"♯2 经济"、"♯3 我国经济发展"、"♯4 经济发展方式"、"♯5 第三产业"、"♯6 经济发展新常态"、"♯7 私营经济发展"、"♯8 知识经济"、"♯9 经济增长"和"♯10 区域经济发展"。其中，数字越小，说明聚类中包含的关键词越多。由图 3.6 可知，中国经济发展研究的主要内容可分为 4 个方面：①国家层面的经济发展研究。包含的聚类有：♯2 经济、♯3 我国经济发展、♯4 经济发展方式、♯9 经济增长。②区域层面的经济发展研究。包含聚类♯10 区域经济发展。③经济高质量发展研究。包含聚类♯0 低碳经济、♯1 经济高质量发展、♯5 第三产业、♯6 经济发展新常态。④不同领域的经济发展研究。包含♯7 私营经济发展、♯ 知识经济。

3.3　中国经济发展研究的演化脉络

在得到关键词共现网络图谱与关键词战略图基础上，为进一步揭示不同时期中国经济发展的演化脉络，运用 CiteSpace 可视化分析软件，得到关键词时区知识图谱（见图 3.7）。图 3.7 中，节点所处的年份表示该关键词首次出现的时间，节点间的连线表示不同关键词同时出现在同一篇文献中。

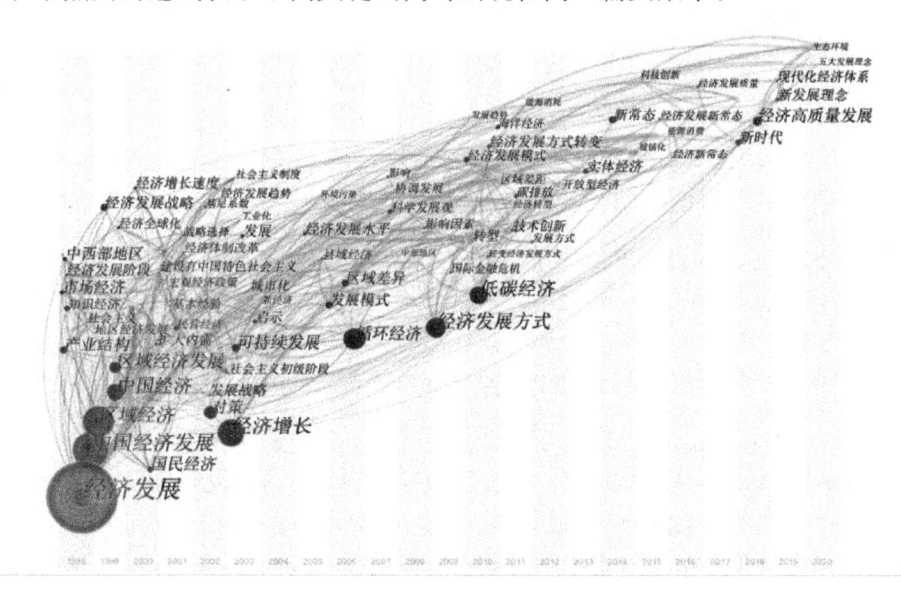

图 3.7　1998—2020 年中国经济发展研究的关键词时区知识图谱

根据图3.7并结合图3.1可知,1998—2020年,该领域研究主要分为3个演化阶段,具体可表述为:

1998—2009年,此阶段重点凸显经济发展、中国经济发展、区域经济发展、可持续发展、经济增长、循环经济、经济发展战略、知识经济等关键词。探讨的内容主要有国家经济发展与区域经济发展[7-10]、循环经济[11-13]、知识经济[14-16]等相关研究。如李玲[17]指出进入21世纪,中国经济在进入新一轮高速增长周期的同时,却遭遇了城乡差距拉大、地区发展不平衡、经济发展和社会发展不协调等一系列制约经济发展的瓶颈因素;张莉[18]对我国区域经济发展战略研究进行了回顾与展望,指出在当前形势下,区域经济问题的解决有赖于对外开放条件下我国城市经济空间组织的深入研究;邓海军[19]认为我国应坚持循环经济的发展理念,在遵循自然生态学规律的基础上,重构经济运行系统;范柏乃等[20]指出知识经济已经成为世界经济发展的新动态,对中国来说既是挑战更是机遇。

2009—2016年,该阶段主要围绕经济发展方式与经济发展模式[21-26]、低碳经济[27-33]、实体经济[34-37]、海洋经济[38-40]等主题展开研究。如任保平等[41]认为目前中国发展面临的约束条件发生了变化,结构失衡出现了新特点,经济发展方式的重点从需求管理向供给管理转变;孙剑[42]指出中国当前的经济发展模式面临着经济增长高度依赖投资和过度依赖外部需求等问题,因此从经济体制、市场主体、资源配置方式、经济增长、产业选择和调控方式等方面对经济发展模式做出了调整;徐承红[43]指出低碳经济是人类经济发展史中必然经历的一个阶段,基于中国面临低碳经济发展中的压力和挑战,提出中国应发展聚集型的低碳经济产业链模式,应用技术创新等手段推动和实现经济发展向低碳经济转型;丁兆庆[44]指出2008年金融危机爆发后,中国的实体经济遭受较大冲击,面临巨大困境,因此必须实施更加有利于实体经济发展的政策措施以推进实体经济发展;董杨[45]针对海洋经济对我国沿海地区经济发展的带动效应进行了评价研究,并在此基础上针对海洋经济在沿海地区经济发展中存在的问题提出中国发展海洋经济的相关对策。

2016—2020年,该阶段研究内容紧跟时代主题,主要围绕经济高质量发展研究主题展开。党的十九大报告提出中国特色社会主义进入了新时代,这个时代的最大内涵,就是我国要逐步实现由富到强的历史性演变,在经济方面,就是"由高速增长阶段转向高质量发展阶段"。所谓高质量发展,就是按照"创新、绿色、协调、开放、共享"五大发展理念,能够很好满足人民日益增长的美好生活需要,生产要素投入少、资源配置效率高、资源环境成本低、经济社会效益好的可持续发展。图3.7表明,该阶段出现的代表性的关键词有经济发展新常态、经济发展质量、新时代、五大发展理念、生态环境等。如郑耀群等[46-49]学者从不同维度构建了中国经济高质量发展水平的综合测度指标体系,对中国经济的高质量发展水平进行了测度;任保平等[50]指出了以新发展理念引领中国经济高质量发展的难点及实现路径,建议在推动我国经济高质量发展时进一步激发创新发展活力,加强协调发展的整体性,推进绿色发展制度体系建设,形成高水平对外开放的新格局,增强公共服务供给能力;周明星[51]指出五大发展理念与中国梦高度关联,五大发展理念为中国梦提供理念指导,中国梦是五大发展理念的使命应然,二者相互推进;杨永芳等[52]认为生态环境保护与区域经济高质量发展是我国全面建成小康社会和社会主义现代化强国的重要任务,对推进环境的高水平保护和经济高质量发展具有重要的现实意义。

3.4 结论

以 CNKI 数据库中 CSSCI 来源期刊收录的与中国经济发展研究有关的 2775 篇文献为研究对象,采用文献计量和可视化分析相结合的方法[53],对中国经济发展研究热点及演化脉络进行分析,得出的研究结论主要包括:

(1) 中国经济发展研究发文量呈现"波动上升—下降—持续上升"的变化态势。其中,1998—2009 年为波动上升阶段,年均发文量达到 101 篇以上;2009—2016 年为下降阶段,但年均发文量增加,达到 156 篇以上;2016—2020 年为持续上升阶段。从作者和机构合作等情况分析可以发现,作者合作呈现"小聚集、大分散"特征,任保平为发文量最多的作者。中国社会科学院现已成为该领域研究做出最大贡献的代表性研究机构。不同机构之间、研究作者之间有待深入合作交流。

(2) 根据关键词共现图、关键词战略图及关键词突变分布可知,"中国经济发展"、"区域经济"和"经济增长"等关键词在中国经济发展研究的共现网络中具有重要地位及影响力。"中国经济"、"低碳经济"和"中国"等关键词处于较核心地位。以"高质量发展"、"经济高质量发展"、"区域经济发展"、"循环经济"、"发展模式"和"实体经济"等关键词代表的研究主题成为新兴研究热点。从关键词聚类图谱可知,中国经济发展研究的主要内容集中在 4 个方面:国家层面的经济发展研究、区域层面的经济发展研究、经济高质量发展研究和不同领域的经济发展研究。

(3) 1998—2020 年中国经济发展研究的演化脉络大致可概括为:1998—2009 年,重点凸显国家与区域经济发展、循环经济、知识经济等研究主题。

2009—2016年,主要围绕经济发展方式、经济发展模式、低碳经济、实体经济、海洋经济等主题展开研究。2016—2020年,主要围绕经济发展质量、新发展理念、生态环境等主题展开研究。

参考文献

[1] 吴敬静,潘红玉,贺正楚. 中国消费升级研究的发展脉络与演进趋势[J]. 消费经济,2021,37(5):89-96.

[2] 丁学东. 文献计量学基础[M]. 北京:北京大学出版社,1993.

[3] 卢新元,张恒,王馨悦,等. 基于科学计量学的国内企业知识转移研究热点和前沿分析[J]. 情报科学,2019,37(3):169-176.

[4] 陈绍辉,王岩. 中国社会思潮研究的科学知识图谱分析——基于CiteSpace和Vosviewer的综合应用[J]. 上海交通大学学报(哲学社会科学版),2018,26(6):22-30.

[5] CHEN C M, IBEKWE-SANJUAN F, HOU J H. The Structure and Dynamics of Cocitation Clusters:A Multiple-Perspective Cocitation Analysis [J]. Journal of the American Society for Information Science and Technology,2010,61(7):1386-1409.

[6] 李杰,陈超美. CiteSpace科技文本挖掘及可视化[M]. 北京:首都经济贸易大学出版社,2016.

[7] 张泽荣,李晓林. 我国区域经济发展现状与财政政策对策[J]. 经济与管理研究,2004(4):44-48.

[8] 豆建民. 区域经济理论与我国的区域经济发展战略[J]. 外国经济与管理,2003(2):2-6.

[9] 程保平. 中国区域经济发展三大战略比较研究[J]. 经济评论,2001(6):91-95.

[10] 章奇. 中国地区经济发展差距分析[J]. 管理世界,2001(1):105-110.

[11] 李志刚,李斌. 中国经济发展模式的必然选择——循环经济[J]. 生态经济,2003(05):28-31.

[12] 孙育红. 我国循环经济发展起步阶段:问题与对策分析[J]. 当代经济研究,2004(11):42-44.

[13] 赖文燕. 循环经济是我国经济发展的必然选择[J]. 生产力研究,2009(7):9-11.

[14] 贾明德. 知识经济与中国当代经济发展[J]. 管理世界,2000(5):30-35.

[15] 吴殿廷,李雁梅,武聪颖,等. 我国各地区知识经济发展的初步研究[J]. 经济地理,2002,22(4):420-424+429.

[16] 王光明. 知识经济与我国经济发展[J]. 商业经济与管理,1999(2):10-14.

[17] 李玲. 制约中国经济发展的瓶颈因素及对策建议[J]. 统计与决策,2005(18):107-109.

[18] 张莉. 我国区域经济发展战略研究的回顾与展望[J]. 地理学与国土研究,1999(4):1-7.

[19] 邓海军.构建我国循环经济发展模式的研究[J].四川师范大学学报(社会科学版),2005(5):40-44.

[20] 范柏乃,江蕾.知识经济:世界经济发展的新动态和中国的战略对策[J].科学·经济·社会,1999(1):37-43.

[21] 张福军.加快转变经济发展方式与维护我国产业安全[J].甘肃社会科学,2015(3):206-210.

[22] 丁如曦,赵曦.中国西部民族地区经济发展方式的主要缺陷与新时期战略转型[J].云南民族大学学报(哲学社会科学版),2015,32(3):93-98.

[23] 吴振磊,李想.大数据时代我国新常态经济发展方式转型[J].人文杂志,2015(4):41-45.

[24] 周杰文,张清正.经济发展方式转型与我国区域经济发展的路径选择[J].经济问题探索,2013(10):29-33.

[25] 何菊莲,张轲,唐未兵.我国经济发展方式转变进程测评[J].经济学动态,2012(10):17-26.

[26] 陈志刚,郭帅.中国经济发展方式转变的阶段划分与测度[J].中南民族大学学报:人文社会科学版,2016,36(2):89-95.

[27] 蓝庆新,郑学党.我国低碳经济发展水平的指标体系构建及国际评价——基于G20国家的比较[J].北京师范大学学报(社会科学版),2013(2):135-144.

[28] 吴飞美,郗永勤.我国低碳经济发展存在的问题与对策研究[J].福建师范大学学报(哲学社会科学版),2015(01):23-28.

[29] 段梅,陈福生.中国省际低碳经济发展能力测度与评价[J].广东财经大学学报,2015,30(1):23-32.

[30] 王竞梅,赵儒煜,张清正.中国低碳经济发展的评价分析与路径选择——以省域为视角[J].当代经济管理,2014,36(10):54-58.

[31] 郑卫华.我国低碳经济发展的现状及对策[J].山西财经大学学报,2013,35(S2):12.

[32] 刘蓓华,刘爱东.我国低碳经济发展水平的测度方法研究[J].统计与决策,2013(14):28-31.

[33] 冯荷英,孙艺嘉,樊舒.我国低碳经济发展模式的探究[J].学术界,2013(S1):9-11.

[34] 周维富.我国实体经济发展的结构性困境及转型升级对策[J].经济纵横,2018(3):52-57.

[35] 怀仁,李建伟.我国实体经济发展的困境摆脱及其或然对策[J].改革,2014(2):12-27.

[36] 陈春雷.我国实体经济发展存在的问题及应对策略[J].学术交流,2013(8):111-114.

[37] 钱凯.促进我国实体经济发展的观点综述[J].经济研究参考,2012(71):37-45.

[38] 刘明.中国海洋经济发展潜力分析[J].中国人口·资源与环境,2010,20(6):151-154.

[39] 俞立平,万崇丹,赵丙奇.中国海洋经济发展的分类、结构与地区差距分析[J].华东经济

管理,2012,26(8):55-58.

[40] 王斌斌,李滨勇.我国海洋经济发展的绩效测度研究[J].财经问题研究,2013(11):43-47.

[41] 任保平,张弦.中国经济发展方式由需求管理向供给管理的转变[J].学习与探索,2013(5):104-109.

[42] 孙剑.中国经济发展模式的演进与新模式的构建[J].理论学刊,2010(9):36-39.

[43] 徐承红.低碳经济与中国经济发展之路[J].管理世界,2010(7):171-172.

[44] 丁兆庆.加快推进中国实体经济发展研究[J].理论学刊,2013(9):39-43.

[45] 董杨.海洋经济对我国沿海地区经济发展的带动效应评价研究[J].宏观经济研究,2016(11):161-166.

[46] 郑耀群,葛星.中国经济高质量发展水平的测度及其空间非均衡分析[J].统计与决策,2020,36(24):84-88.

[47] 鲁邦克,邢茂源,杨青龙.中国经济高质量发展水平的测度与时空差异分析[J].统计与决策,2019,35(21):113-117.

[48] 朱彬.中国经济高质量发展水平的综合测度[J].统计与决策,2020,36(15):9-13.

[49] 王伟.中国经济高质量发展的测度与评估[J].华东经济管理,2020,34(6):1-9.

[50] 任保平,宋雪纯.以新发展理念引领中国经济高质量发展的难点及实现路径[J].经济纵横,2020(6):45-54.

[51] 周明星."五大发展理念"与"中国梦"内在联系探究[J].新疆社会科学,2018(2):16-22.

[52] 杨永芳,王秦.我国生态环境保护与区域经济高质量发展协调性评价[J].工业技术经济,2020,39(11):69-74.

[53] 吴丹,向筱茜,冀晨辉.中国经济发展研究热点及演化的可视化分析[J].科技和产业,2022,22(5):15-22.

第 4 章
京津冀科技创新与经济发展协调评价研究

党的十八届五中全会提出了"创新、协调、绿色、开放、共享"五大发展理念,为实现中长期国家发展战略目标,破解国民经济与社会发展难题,厚植发展优势提供了重要的战略支撑。党的十九大报告提出"贯彻新发展理念,建设现代化经济体系",并强调必须着力加快建设科技、实体经济、现代金融、人力资源协同发展的产业体系。因此,提升科技创新能力是促进京津冀地区经济持续健康发展的不竭动力,以科技创新引领京津冀地区实体经济转型升级,推动科技创新与经济发展之间相互协调是京津冀地区经济高质量发展的工作重心。为此,对京津冀地区科技创新与经济发展协调水平进行综合评价。

4.1 文献综述

科技创新效率评价、科技创新能力评价均属于科技创新评价的关键技术问题,现已成为国内外学者关注的热点问题。针对科技创新效率评价,关键技术是分析科技创新投入产出的影响因素,测算科技创新投入产出效率。科技创新投入的影响因素涉及科技活动人员、R&D 人员、科学家与工程师等科技人力投入,以及科技活动经费、R&D 经费等科技财力投入;科技创新产出的影响因素主要涉及专利、论文等直接产出,以及技术市场成交额、新产品、高新技术产业情况等间接产出。从现有研究成果来看,科技创新投入产出效率测算包括静态效率测算和动态效率测算,测算方法主要包括 DEA 法及其扩展模型、Malmquist 指数模型、理想解法等[1-7]。如 Lee、Hakyeon、Han Ungkyu 等[1-5]采用 DEA 模型对不同国家之间的科技创新投入产出效率进行国际比较,并进行事后 Mann-Whitney 检验和 Kruskal Wallis 检验;俞立平等[6]采用 DEA 模型、理想解法以及主成分分析法,对科技创新投入产出效率评价的排序结果进行了对比分析;孙绪华等[7]采用Malmquist指数模型,对科技创新投入产出效率进行了动态监测。此外,李强[8]采用内生增长理论,综合评价了我国科技创新投入产出效率。

针对科技创新能力评价,研究的重点在于构建科技创新能力评价体系,评价科技创新能力变化。从现有研究成果来看,科技创新能力评价方法主要包括灰色关联度法、模糊评价法、TOPSIS法等[9-13]。如李倩等[9]采用灰色关联度法系统评价了我国区域科技创新能力,对比分析了各区域之间科技创新能力的差异;胡树华等[10]运用模糊评价法,从科技、管理和制度三个维度,系统评估了武汉市高新技术产业的创新能力;叶文显[13]采用综合权重TOPSIS法、DEA法和Malmquist指数法,综合评价分析了西安市科技创新能力及其绩效之间的协调发展关系。此外,黄亮等[14]运用突变级数模型对长江经济带50座骨干城市的科技创新能力进行测度分析,得出各城市之间的科技创新绩效表现相对均衡。

从科技创新对经济发展的影响评价看,科技创新对经济发展具有显著的推力作用[15]。Keller[16]认为科技创新能够促进经济发展质量的提高。Saviotti等[17]认为科技创新促使产业更新换代进而推进产业的优化升级。洪银兴[18]认为科技创新对经济增长的推动作用是毋庸置疑的,并且科技创新贡献率能够有效评估科技创新对国家和地区经济增长贡献。Zhu[19]等从创新资源和创新者等4个方面构建区域技术创新适宜性评价体系,并对各省技术创新适宜性与经济增长进行回归分析,结果表明区域技术创新适宜性与区域经济增长存在正相关关系。Zhang等[20]的研究结果表明技术创新能够促进城市绿色发展。赵志耘[21]分析了以科技创新为引领的经济格局才能有效推动供给侧改革、实现新常态下的新发展。Kaneva等[22]以俄罗斯为研究对象,运用因子分析和回归分析的综合计量经济学方法,分析了俄罗斯区域创新活动对区域增长的影响,结果显示技术创新指标支出对区域增长的正向影响最大。在科技创新与经济发展协调评价过程中,经济发展重点体现在经济发展水平、产业结构、国民收入水平、教育水平、就业情况、城镇化水平等方面[23-35],如GDP、三次产业产值占比、恩格尔系数、教育支出水平、失业率、城镇人口占比等。

参考现有文献,在评价指标体系设计方面,学者们以定性分析为主,依据指标的重要性及指标数据的易获取性进行指标筛选,主观性较强。为此,从科技创新、经济发展2个维度,采用政策文献梳理法,结合"政策导向性"和"文献参考性"两大类指标,进行京津冀地区科技创新与经济发展协调水平评价指标的定性筛选。在此基础上,利用主成分-相关分析方法,进行科技创新与经济发展协调水平评价指标的定量筛选。并采用变异系数法确定指标权重。同时,采用加权综合指数法、相对发展度模型和协调度模型,构建相应的动态评价模型,作为京津冀地区科技创新与经济发展协调评价的主要方法。在动态度量和对比分析不同时期京津冀地区的科技创新与经济发展指数变化趋势基础上,根据不同时期京津冀地区科技创新与经济发展指数的动态变化,对比评价京津冀地区科技创新与经济发展的相对发展度,综合评价京津冀地区科技创新与经济发展协调水平,从而探寻京津冀地区科技创新与经济发展协调的关键制约因素,因地制宜探索提升京津冀地区科技创新与经济发展指数及其协调水平的对策建议。

4.2 研究方法构建

4.2.1 评价指标设计

京津冀地区科技创新与经济发展协调评价指标的设定既取决于京津冀地区科技创新与经济发展目标体系,也决定了京津冀地区科技创新与经济发展协调的关键要素,体现了京津冀地区科技创新与经济发展的协调状况。立足于京津冀国民经济和社会发展全局,京津冀地区科技创新与经济发展协调目标包含了科技规模与创新能力、经济增长与产业升级等目标。其中,科技规模与创新绩效目标重在加大京津冀地区的科技规模、提高京津冀地区的科技创新能力;经济增长与产业升级目标重在提高京津冀地区的经济增长质量和效益、加快产业结构转型升级。

依据京津冀地区科技创新与经济发展目标体系,采用政策文献梳理法,系统梳理《京津冀协同发展规划纲要》《"十三五"时期京津冀国民经济和社会发展规划》等政策文件,以及以"京津冀""协调发展"为主题的核心期刊文献,基于科技创新、经济发展等视角,从政策导向性和文献参考性两个方面,确定京津冀地区科技创新与经济发展协调评价的初始指标。并从2009—2018年《中国统计年鉴》、京津冀地区经济年鉴中获取2009—2018年初始指标数据。利用主成分分析-相关分析法,对初始指标进行定量筛选,最终确定京津冀地区科技创新与经济发展协调评价指标。即通过KMO和Bartlett检验,筛选第一主成分因子载荷大于0.9、第二或第三主成分因子载荷绝对值最大的指标。计算京津冀地区不同系统内任意两个指标间的相关系数,设定指标相关系数的阈值$M(0<M<1)$,此处取阈值$M=0.9$。若单一系统内两指标间相关系数小于阈值M,则同时保留两个指标;若单一系统内两指标间相关系数大于阈值M,则删除两个指标中因子载荷绝对值小的指标(即对评价结果影响小的指标)。

京津冀地区科技创新与经济发展协调评价指标分为维度层、目标层、准则层、指标层 4 个层级,包括 4 个维度和目标、7 项准则、11 项指标(见表 4.1)。

表 4.1　京津冀地区科技创新与经济发展协调评价指标

维度层	目标层	准则层	指标层	指标单位	指标权重
科技创新	科技规模与创新能力	科技创新投入	R&D 人员	人	0.136
		科技创新环境	地方财政科学技术支出	亿元	0.163
		科技创新产出	国内专利申请受理数	件	0.172
		科技创新成效	技术市场成交额	亿元	0.210
			每万人口专利拥有量	件/万人	0.176
			高技术产业新产品销售收入	亿元	0.143
经济发展	经济增长与产业升级	经济发展规模	GDP 增速	%	0.208
			社会消费品零售总额	亿元	0.268
			工业增加值	亿元	0.260
		经济发展质量	全员劳动生产率	元/人	0.160
		产业结构升级	第三产业产值占 GDP 比重	%	0.104

表 4.1 中,科技创新系统包含了科技创新投入、科技创新环境、科技创新产出、科技创新成效 4 项准则;经济发展系统包含了经济发展规模、经济发展质量、产业结构升级 3 项准则。

表 4.1 中,评价指标的权重采用变异系数法予以确定,可用公式表示为

$$\begin{cases} w_{ki} = \dfrac{V_{ki}}{\sum\limits_{i=1}^{m} V_{ki}} \\ V_{ki} = \dfrac{\sigma_{ki}}{\dfrac{1}{n}\sum\limits_{i=1}^{n} x_{ki}} \end{cases} \quad (4.1)$$

式(4.1)中,w_{ki} 为第 k 系统第 i 个指标的权重($k=1$、$k=2$ 分别代表科技创新、经济发展 2 个系统);V_{ki} 为第 k 系统第 i 个指标的变异系数;$\sum\limits_{i=1}^{m} V_{ki}$ 为第 k 系统各指标的变异系数和;σ_{ki} 为第 k 系统第 i 个指标的标准差;$\dfrac{1}{n}\sum\limits_{i=1}^{n} x_{ki}$ 为第 k 系统第 i 个指标的均值。

4.2.2 评价模型构建

依据设计的京津冀科技创新与经济发展协调评价指标,结合科技创新、经济发展2个系统,采用加权综合指数法、相对发展度模型和协调度模型,测量京津冀地区科技创新与经济发展指数,评价京津冀地区科技创新与经济发展的相对发展度及其协调水平。评价模型构建的具体步骤可表述为:

步骤1,采用加权综合指数法,测量不同时期京津冀地区科技创新与经济发展指数,可用公式表示为

$$W_{jk}(t) = \sum_{i=1}^{m} [w_{ki} \cdot x_{jki}(t)]$$

$$x_{jki \atop k=1\sim4}(t) = \begin{cases} \dfrac{a_{jki}(t)}{\max a_{jki}(t)} & (a_{jki} \text{为效益型指标}) \\ \dfrac{\min a_{jki}(t)}{a_{jki}(t)} & (a_{jki} \text{为成本型指标}) \end{cases} \quad (4.2)$$

式(4.2)中,$W_{jk}(t)$为第t时期第j地区第k系统的发展指数,其中$j=1$、$j=2$、$j=3$、$j=4$分别代表北京、天津、河北、京津冀整体;$x_{jki}(t)$为第t时期第j地区第k系统的第i个指标经无量纲化后的指标值;$a_{jki}(t)$为第t时期第j地区第k系统的第i个指标值;$\max a_{jki}(t)$、$\min a_{jki}(t)$分别为第t时期第j地区第k系统第i个指标的最优值、最劣值。

步骤2,采用相对发展度模型,测量不同时期京津冀地区科技创新与经济发展的相对发展度。可用公式表示为

$$E_{jkk'}(t) = \dfrac{W_{jk}(t)}{W_{jk'}(t)} \quad (4.3)$$

式(4.3)中,$E_{jkk'}(t)$为第t时期第j地区第k系统与第k'系统的相对发展度,取$k=1$、$k'=2$分别代表科技创新、经济发展2个系统,$k \neq k'$。

根据式(4.3),对京津冀地区第k系统与第k'系统的相对发展阶段进行判定,见表4.2。

表4.2 京津冀地区科技创新与经济发展系统的相对发展阶段判定

相对发展度	发展阶段判定
$0 < E_{jkk'}(t) \leq 0.8$	第t时期第j地区科技创新系统滞后于经济发展系统的发展
$0.8 < E_{jkk'}(t) \leq 1.2$	第t时期第j地区科技创新同步于经济发展系统的发展
$E_{jkk'}(t) > 1.2$	第t时期第j地区科技创新超前于经济发展系统的发展

步骤3,采用协调度模型,评价不同时期京津冀地区科技创新与经济发展的协调水平,可用公式表示为

$$D_{jkk'}(t) = \sqrt{C_{jkk'}(t) \cdot P_{jkk'}(t)}$$

$$\begin{cases} C_{jkk'}(t) = \left[\dfrac{W_{jk}(t) \cdot W_{jk'}(t)}{P_{jkk'}(t)^2}\right]^{\frac{1}{2}} \\ P_{jkk'}(t) = \dfrac{W_{jk}(t) + W_{jk'}(t)}{2} \end{cases} \quad (4.4)$$

式(4.4)中,$D_{jkk'}(t)$为第t时期第j地区科技创新与经济发展的协调水平;$C_{jkk'}(t)$为第t时期第j地区科技创新与经济发展指数的耦合程度;$P_{jkk'}(t)$为第t时期第j地区科技创新与经济发展的协调程度。

根据式(5.4),对京津冀地区科技创新与经济发展的协调水平进行等级划分,见表4.3。

表4.3 京津冀地区科技创新与经济发展协调水平的等级划分

协调水平		等级划分
$0 < D_{jkk'}(t) \leqslant 0.4$	(0,0.1]	极度失调
	(0.1,0.2]	严重失调
	(0.2,0.3]	中度失调
	(0.3,0.4]	轻度失调
$0.4 < D_{jkk'}(t) \leqslant 0.6$	(0.4,0.5]	濒临失调
	(0.5,0.6]	勉强协调
$0.6 < D_{jkk'}(t) \leqslant 1$	(0.6,0.7]	初级协调
	(0.7,0.8]	中级协调
	(0.8,0.9]	良好协调
	(0.9,1]	优质协调

4.3 实证研究

数据主要来自《中国统计年鉴》《北京统计年鉴》《天津统计年鉴》《河北统计年鉴》。

4.3.1 京津冀地区科技创新与经济发展指数

根据式(4.2),测算得到2009—2018年京津冀地区科技创新与经济发展指

数的变化趋势,见图 4.1 和图 4.2。

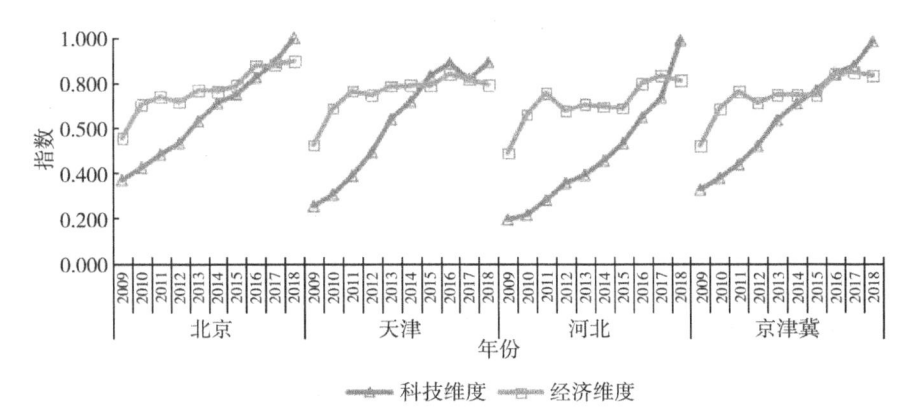

图 4.1　2009—2018 年京津冀地区科技创新与经济发展指数的变化趋势

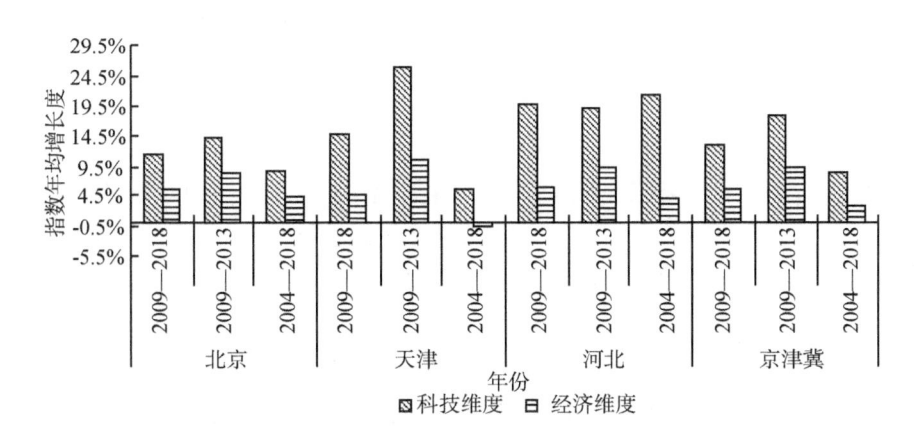

图 4.2　2009—2018 年京津冀地区科技创新与经济发展指数的年均增长率

根据图 4.1 可知,2009—2018 年,随着京津冀地区科技创新能力不断提升、经济产业转型升级加速,京津冀地区科技创新与经济发展指数均呈现持续增长态势。2009—2018 年,京津冀地区科技创新、经济发展指数均呈现小幅波动的增长态势。从科技创新与经济发展指数年均增长率变化来看(见图 4.2),京津冀地区科技创新指数增长较快。其中,北京、天津、河北、京津冀整体的科技创新指数的年均增长率分别为 11.7%、15.0%、19.8%、13.0%。

2014—2018 年与 2009—2013 年相比,京津冀地区科技创新与经济发展指数均得到进一步提升,但京津冀地区科技创新与经济发展指数年均增长率均有所下降(仅河北科技创新指数年均增长率有所提升)。其中,2009—2013 年,京津冀地区均表现为科技创新指数增长较快。

4.3.2 京津冀地区科技创新与经济发展的相对发展度

根据式(4.3),测算得到2009—2018年京津冀地区科技创新与经济发展的相对发展度,见图4.3。

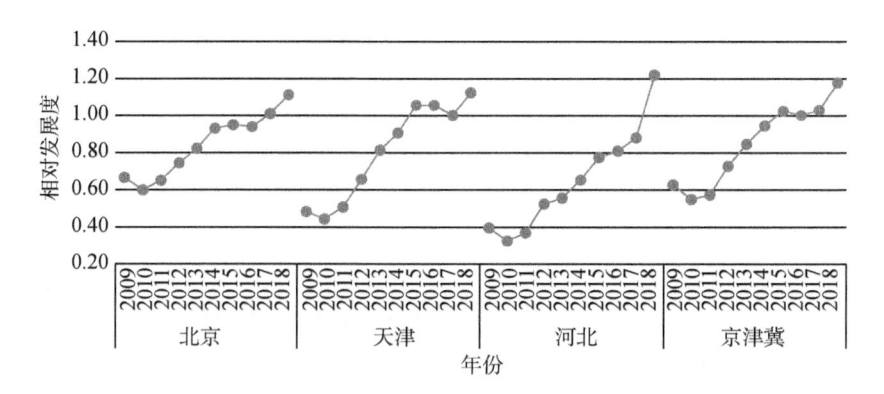

图 4.3　2009—2018年京津冀地区科技创新与经济发展的相对发展度

根据图4.3可知,2009—2018年,京津冀地区"科技-经济"系统的相对发展度均呈现逐渐上升的变化态势。至2018年,京津冀地区科技创新与经济发展的相对发展度均处于[0.8,1.2]区间,仅河北超过1.2。

根据图4.3,对京津冀地区科技创新与经济发展的相对发展阶段进行判定,见表4.4。

根据图4.3和表4.4可知,通过京津冀地区科技创新与经济发展的相对发展度对比分析,北京和京津冀整体于2013年优先实现"科技创新同步于经济发展",河北于2018年优先实现"科技创新超前于经济发展"。2014—2018年与2009—2013年相比,京津冀地区科技创新从"滞后"转为"同步"于经济发展。

表 4.4　京津冀地区科技创新与经济发展的相对发展阶段判定

地区	相对发展阶段	科技-经济
北京	滞后	2009—2012
	同步	2013—2018
	超前	—
天津	滞后	2009—2015
	同步	2016—2018
	超前	—

续表

地区	相对发展阶段	科技-经济
河北	滞后	2009—2015
	同步	2016—2017
	超前	2018
京津冀	滞后	2009—2012
	同步	2013—2018
	超前	—

4.3.3 京津冀地区科技创新与经济发展的协调水平

根据式(4.4),测算得到2009—2018年京津冀地区科技创新与经济发展的协调水平,见图4.4。

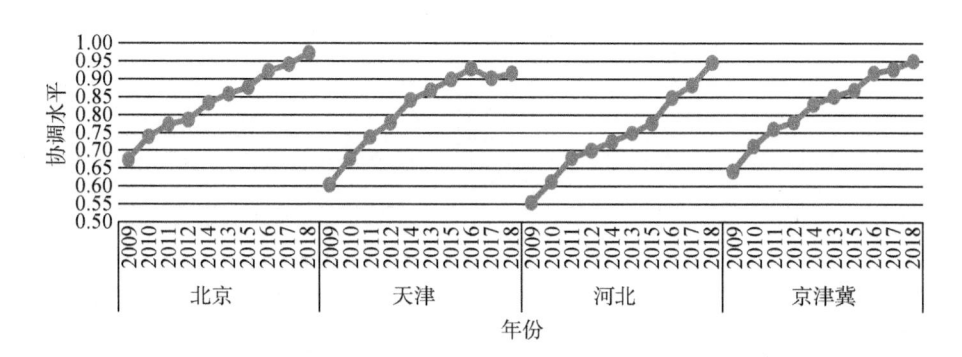

图 4.4 2009—2018 年京津冀科技创新与经济发展的协调水平

通过京津冀地区科技创新与经济发展协调水平对比分析可知,2009—2018年,河北增长最快,年均增长率为6.1%;北京增长最慢,年均增长率为4.2%。其中,2009—2013年,天津增长最快,北京增长最慢;2014—2018年,河北增长最快,天津增长最慢(见图4.5)。

根据图4.4,确定不同时期京津冀地区科技创新与经济发展协调等级,见表4.5。

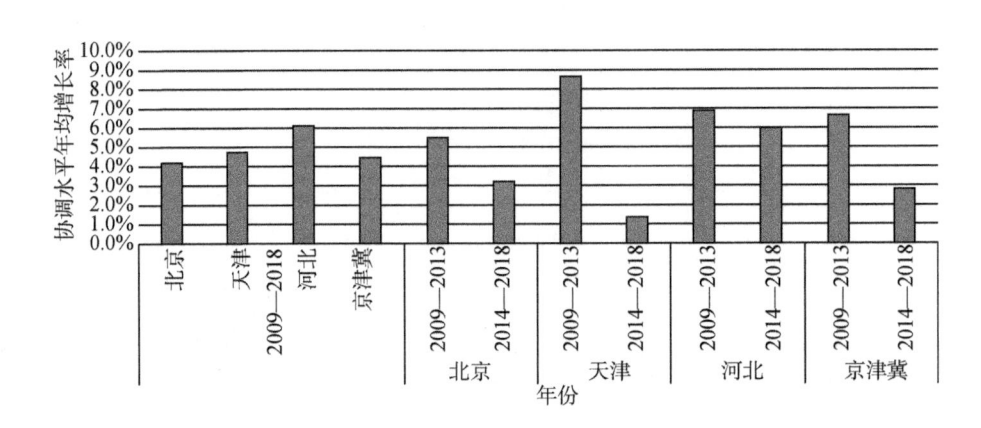

图 4.5　2009—2018 年京津冀地区科技创新与经济发展协调水平的年均增长率

表 4.5　京津冀地区科技创新与经济发展协调等级划分时点

地区	协调等级	划分时点
北京	初级协调	2009
	中级协调	2010—2012
	良好协调	2013—2015
	优质协调	2016—2018
天津	初级协调	2009—2010
	中级协调	2011—2012
	良好协调	2013—2015
	优质协调	2016—2018
河北	初级协调	2010—2012
	中级协调	2013—2015
	良好协调	2016—2017
	优质协调	2018
京津冀	初级协调	2009
	中级协调	2010—2012
	良好协调	2013—2015
	优质协调	2016—2018

根据表 4.5 可知,2014—2018 年与 2009—2013 年相比,京津冀地区科技创新与经济发展的协调等级均从"初中级"转为"良好和优质"协调等级。其中,京津地区和京津冀整体均于 2013 年达到了良好协调等级,仅河北于 2016 年达到

良好协调等级；京津地区和京津冀整体均于 2016 年优先达到优质协调等级，仅河北于 2018 年达到优质协调等级。即京津地区分别于 2013 年、2016 年比河北优先达到良好、优质协调等级。

4.4　结论

基于相关文献研究与实践经验性探索，立足于京津冀国民经济和社会发展的全局，从科技创新、经济发展等视角，系统设计京津冀地区科技创新与经济发展协调评价指标[36]。并采用变异系数法，确定指标权重。同时，采用加权综合指数法、相对发展度模型和协调度模型，构建相应的动态评价模型，作为京津冀地区科技创新与经济发展协调评价的主要方法。该方法有效克服了仅从静态角度对特定年份京津冀地区科技创新与经济发展进行评价的不足，反映了不同时期京津冀地区科技创新与经济发展的动态变化趋势。同时，该方法实现了对不同时期京津冀地区科技创新与经济发展相对发展度的对比分析，能够综合反映不同时期京津冀地区科技创新与经济发展的优劣差异及其协调水平，弥补了已有成果从科技创新与经济发展进行单独分析的不足，更好地把握了京津冀地区科技创新与经济发展存在的综合问题。评价结果显示：2009—2018 年，京津冀地区科技创新与经济发展指数均有不同程度的提升，科技创新增长较快。针对科技创新、经济发展 2 个系统，河北均增长最快。2014—2018 年与 2009—2013 年相比，京津冀地区科技创新均从"滞后"转为"同步"于经济发展。通过京津冀地区科技创新与经济发展协调水平对比分析，河北增长最快，北京增长最慢。评价结果与京津冀地区科技创新与经济发展治理实践相吻合，进一步验证了评价方法的有效性。

参考文献

[1] Lu Wen-Min, Kweh Qian Long, Nourani Mohammad, et al. Evaluating the efficiency of dual-use technology development programs from the R&D and socio-economic perspectives[J]. Omega, 2016, 62: 82-92.

[2] Lee Hakyeon, Park Yongtae, Choi Hoogon. Comparative evaluation of performance of national R&D programs with heterogeneous objectives: A DEA approach [J]. EuropeanJournal of Operational Research, 2009, 196(3): 847-855.

[3] Chen Chiang-Ping, Hu Jin-Li, Yang Chih-Hai. Produce patents or journal articles? A cross-country comparison of R&D productivity change [J]. Scientometrics, 2013, 94(3): 833-849.

［4］ 刘磊,胡树华.国内外R&D管理比较研究及对中国科技资源配置的启示[J].科学学研究,2000,18(1):62-66.

［5］ Han Ungkyu, Asmild Mette, Kunc Martin. Regional R&D Efficiency in Korea from Static and Dynamic Perspectives [J]. Regional Studies, 2016, 50(7):1170-1184.

［6］ 俞立平,熊德平,武夷山.中国地区科技效率的组合测度研究[J].科学学研究,2011,29(8):1141-1146.

［7］ 孙绪华,陈诗波,程国强.基于Malmquist指数的国有科技资源配置效率监测及其影响因素分析[J].中国科技论坛,2011(3):21-27.

［8］ 李强.基于内生增长理论的科技投入产出绩效评价模型研究[J].科学管理研究,2006,24(4):93-98.

［9］ 李倩,师萍,赵立雨.基于灰色关联分析的我国区域科技创新能力评价研究[J].科技管理研究,2010(2):43-44+50.

［10］ 胡树华,解佳龙.武汉市高技术产业创新能力评价[J].武汉理工大学学报(信息与管理工程版),2011,33(2):258-262.

［11］ 赵黎明,刘猛.基于熵权TOPSIS的区域科技创新能力评价模型及实证研究[J].天津大学学报(社会科学版),2014,16(5):385-390.

［12］ 陈艳华.基于熵权TOPSIS的区域科技创新能力实证研究[J].工业技术经济,2017(5):46-51.

［13］ 叶文显.西安市科技创新能力及其绩效评价[J].科技管理研究,2017(11):86-91.

［14］ 黄亮,王振,范斐.基于突变级数模型的长江经济带50座城市科技创新能力测度与分析[J].统计与信息论坛,2017,32(4):73-80.

［15］ 吴丹,胡晶.国家科技创新能力时空差异性评价——中国与全球十国对比分析[J].科技进步与对策,2018,35(20):128-136.

［16］ Keller W. Trade and the Transmission of Technology[J]. Journal of Economic growth, 2002, 7(1):5-24.

［17］ Saviotti P P, Pyka A. Product variety, competition and economic growth[J]. Journal of Evolutionary Economics, 2008, 18(3):323-347.

［18］ 洪银兴.科技创新与创新型经济[J].管理世界,2011(7):1-8.

［19］ Zhu D, Zeng D, Zhou Q. Regional technical innovation suitability and economic growth in China[J]. Procedia Engineering, 2011, 15:5343-5349.

［20］ Zhang J, Chang Y, Zhang L, et al. Do technological innovations promote urban green development? —A spatial econometric analysis of 105 cities in China[J]. Journal of cleaner production, 2018, 182:395-403.

［21］ 赵志耘.以科技创新引领供给侧结构性改革[J].中国软科学,2016(9):1-6.

［22］ Kaneva M, Untura G. Innovation indicators and regional growth in Russia[J]. Economic change and Restructuring, 2017, 50(2):133-159.

[23] 董会忠,张峰,殷秀清.基于可拓评价的科技水平与低碳经济发展动态关联分析[J].财经理论研究,2015(3):1-8.

[24] 支华炜,杜纲,解百臣.科技带动视角下的区域低碳经济效率研究[J].科技进步与对策,2012,30(3):25-31.

[25] Noda, Hideo. R&D-Based Models of Economic Growth Reconsidered[J]. Information-an International Interdisciplinary Journal,2012,15(2):517-536.

[26] 孙喜杰.科技与经济协调增长的指数规律分析——兼论科技规模"指数增长"悖谬[J].科学学研究,2012,30(6):813-819.

[27] Kocsis, Imre, Kiss, et al. Renewable energy consumption, R&D and GDP in European union countries[J]. Environmental Engineering and Management Journal,2014,13(1):2825-2830.

[28] 黄滢.中国科技投入和经济增长的关系:1978—2009[J].时代金融,2014(6):32-33.

[29] 张优智.科技投入与经济增长:存在门限的非线性关系[J].中国科技论坛,2014(5):32-38.

[30] 潘方卉,李翠霞,樊斌.财政科技投入周期与经济周期协同性的马尔科夫区制转移模型[J].中国科技论坛,2015(3):42-47.

[31] Beaudreau, Bernard C, et al. The physical limits to economic growth by R&D funded innovation[J]. Energy,2015,84:45-52.

[32] Moutinho, Ricardo, et al. Beyond the "Innovation's Black—Box":Translating R&D outlays into employment and economic growth[J]. Socio—Economic Planning Sciences,2015,50:45-58.

[33] 康绍大,王健.科技进步与城市低碳经济发展的互动效应研究[J].宏观经济研究,2016(8):116-122.

[34] 杨武,杨淼.中国科技创新与经济发展耦合协调度模型[J].中国科技论坛,2016(3):30-35.

[35] 顾伟男,申玉铭,王书华,等.科技创新能力的空间演变及其与经济发展的关系[J].中国科技论坛,2017(9):23-29.

[36] Dan Wu, Siqi Cao. Research on the Coordination Level Evaluation of Technology, Economy, Society and Ecology Coupling in Beijing-Tianjin-Hebei Region[C]// Proceedings of 6th International Conference on Economics, Management, Law and Education(EMLE 2020),2020:431-441.

第 5 章
京津冀科技创新与水资源利用适应性协调评价研究

提高水资源利用效率是落实最严格水资源管理制度、推进水治理体系与治理能力现代化的重要内容,而科技创新是促进水资源利用效率提升的重要途径。科技创新有利于节水科技创新与推广、有利于促进生产方式转变、有利于改变并促进符合水生态文明的消费模式和生活方式。党的十九大报告提出了"贯彻新发展理念,建设现代化经济体系",强调必须着力加快建设科技、实体经济、现代金融、人力资源协同发展的产业体系。同时,创新为五大发展理念之首,是推动我国区域经济高质量发展的关键驱动因素。提高京津冀地区科技创新能力,有利于促进京津冀地区水资源利用效率提升。因此,推动科技创新与水资源利用之间的适应性协调发展是京津冀地区的工作重心之一。

5.1 文献综述

国外学者针对用水效率的研究多集中于用水效率影响因素[1]、用水效率评价[2-3]等层面。国内学者对此进行了深入探索。从科技创新对水资源利用的影响评价看,科技创新是提高水资源利用效率的重要途经。如马海良等[4]基于投入导向 DEA 模型,实证探索了中国 2003—2009 年水资源利用效率影响因素,研究表明技术进步有利于改善水资源利用效率。任俊霖等[5]基于 Tobit 模型,开展了长江经济带省会城市群技术进步对水资源利用效率的影响,研究表明较低的技术效率变化和纯技术效率是制约水资源利用效率的关键因素。李昌彦等[6]运用 CGE 模型,实证模拟了江西省技术进步对用水效率的影响,研究表明技术进步能促进用水效率提高。张乐勤等[7]构建了科技创新与用水效率综合评价体系,采用偏最小二乘回归分析,实证探索了科技创新对用水效率的影响效应,研究表明科技创新与用水效率呈正向关系,科技创新不仅能提高用水效率,而且能通过促进经济增长、产业结构调整促进用水效率提升。LIU[8]实证分析了中国的技术创新、经济高质量增长和水资源利用效率三者之间的关系,研究结果表明三者相互促进,中国的技术创新和高质量经济增长提高了水资源的利用效率。在农业用水方面,佟金萍等[9]运用 Malmquist 指数法,开展了中国农业技术进步对农业用水效率的影响研究,研究表明技术进步有助于提高农业用水效率。刘双双等[10]认为掌握现代技术的农民越多,越有利于农业现代化建设和节水技术的应用,从而减少农业用水浪费。在工业用水方面,姜蓓蕾等[11]采用主成分分析方法,开展了 1997—2010 年中国 31 个省级行政区的工业用水效率驱动因素研究,研究表明技术进步对提高工业用水效率具有正向作用。雷玉桃等[12]采用回归分析方法,对 2002—2013 年中国 31 个省工业用水效率的影响因素展开研究,研究表明中部地区研发经费投入强度与工业用水效率之间存在正向关系。此外,立足于京津冀区情与水情看,京津冀地区科技创新能力梯度差较大,北京市最高,河北省最低;科技资源配置效率存在分化,天津和河北科技创新效率相对较低;天津、河北在创新产出方面不佳,而北京在创新投入、产出和环境方面领先[13-18]。京津冀地区目前存在水资源短缺、水土流失等水生态问题,地区间水资源差异显著[19-23]。

通过文献梳理可知,学者们主要运用 DEA、CGE、Tobit 等多种模型,采用回归分析或主成分分析方法,在国家尺度、流域尺度及省域尺度,深入探索科技创新对用水效率的影响,研究表明科技创新对用水效率具有显著的正向效应。但现有文献多以研发投入或专利授权数作为表征科技创新的指标,以单位 GDP 水耗作为用水效率考察指标,而科技创新包括从创新资源投入到创新成果产出的过程,用水效率包括农业、工业、生活等方面,仅以单一指标来度量科技创新与用水效率,难以全面、客观反映科技创新与用水效率的内涵与外延。同时,现有的评价方法重点强调京津冀的科技创新水平与水资源利用水平在具体年份的静态评价,缺乏对不同时期京津冀科技创新水平与水资源利用水平的动态对比分析,也缺乏对京津冀科技创新与水资源利用协调水平的综合评价。为此,采用加权法、相对发展度法与耦合协调度模型动态度量和对比分析不同时期京津冀科技创新水平与水资源利用水平,测算出京津冀地区科技创新与水资源利用的相对发展水平,动态评价京津冀地区科技创新与水资源利用的适应性协调水平,从而探寻京津冀科技创新与水资源利用适应性协调的关键制约因素,以指导京津冀科技创新与水资源利用适应性协调治理实践。

5.2 研究方法设计

采用加权综合指数法,构建京津冀地区科技创新与水资源利用的发展水平评价模型,可用公式表示为

$$W_{jk}(t) = \sum_{i=1}^{m} [w_{ki} \cdot x_{jki}(t)]$$

$$\underset{k=1\sim4}{x_{jki}(t)} = \begin{cases} \dfrac{a_{jki}(t) - \min a_{jki}(t)}{\max a_{jki}(t) - \min a_{jki}(t)} & (a_{jki} \text{为效益型指标}) \\ \dfrac{\max a_{jki}(t) - a_{jki}(t)}{\max a_{jki}(t) - \min a_{jki}(t)} & (a_{jki} \text{为成本型指标}) \end{cases} \quad (5.1)$$

式(5.1)中,$W_{jk}(t)$ 为第 t 时期第 j 地区第 k 维度的发展水平($j=1,2,3,4$ 分别为北京、天津、河北、京津冀整体,$k=1$、$k=2$ 分别代表科技创新、水资源利用2个维度);$x_{jki}(t)$ 为无量纲化后的指标值;$s_{jki}(t)$ 为第 t 时期第 j 地区第 k 维度的第 i 个指标值;$\max a_{jki}(t)$、$\min a_{jki}(t)$ 分别为第 t 时期第 j 地区第 k 维度第 i 个指标值的最优值、最劣值;w_{ki} 为第 k 维度第 i 个指标的权重,采用变异系数法,确定科技创新与水资源利用的指标权重,可用公式表示为

$$\begin{cases} w_{ki} = \dfrac{V_{ki}}{\sum\limits_{i=1}^{m} V_{ki}} \\ V_{ki} = \dfrac{\sigma_{ki}}{\dfrac{1}{n}\sum\limits_{i=1}^{n} x_{ki}} \end{cases} \quad (5.2)$$

式(5.2)中,V_{ki} 为第 k 维度第 i 个指标的变异系数;$\sum\limits_{i=1}^{m} V_{ki}$ 为第 k 维度各指标的变异系数和;σ_{ki} 为第 k 维度第 i 个指标的标准差;$\dfrac{1}{n}\sum\limits_{i=1}^{n} x_{ki}$ 为第 k 维度第 i 个指标的均值。

采用相对发展度模型,测量京津冀地区科技创新与水资源利用的相对发展水平,可用公式表示为

$$E_j(t) = \dfrac{W_{j1}(t)}{W_{j2}(t)} \quad (5.3)$$

式(5.3)中,$E_j(t)$ 为第 t 时期第 j 地区科技创新与水资源利用的相对发展水平。

构建耦合协调发展模型,动态评价京津冀地区科技创新与水资源利用的适应性协调水平,可用公式表示为

$$D_j(t) = \sqrt{C_j(t) \cdot P_j(t)}$$

$$\begin{cases} C_j(t) = \left[\dfrac{\prod_{k=1}^{2} W_{jk}(t)}{P_j(t)^k}\right]^{\frac{1}{k}} \\ P_j(t) = \dfrac{1}{k}\sum_{k=1}^{2} W_{jk}(t) \end{cases} \quad (5.4)$$

式(5.4)中,$D_j(t)$为第t时期第j地区科技创新与水资源利用的适应性协调水平;$C_j(t)$为第t时期第j地区科技创新与水资源利用的耦合关联程度,$P_j(t)$为第t时期第j地区科技创新与水资源利用的协调程度。

根据式(5.1)~式(5.4),参考现有文献等级划分成果,对京津冀地区科技创新与水资源利用的适应性协调等级与阶段进行判定,见表5.1。

表5.1 京津冀地区科技创新与水资源利用的适应性协调等级与阶段

区间	协调水平	协调等级	相对发展水平	阶段特征	阶段判定
0<D≤0.4	(0,0.1]	极度失调	0<E<0.8	科技创新滞后、制约水资源利用水平	系统趋于退化
	(0.1,0.2]	严重失调	0.8≤E≤1.2	科技创新同步、推动水资源利用水平	系统趋于优化
	(0.2,0.3]	中度失调			
	(0.3,0.4]	轻度失调	E>1.2	科技创新超前、影响水资源利用水平	系统趋于退化
0.4<D≤0.6	(0.4,0.5]	濒临失调	0<E<0.8	科技创新滞后、制约水资源利用水平	系统趋于退化
			0.8≤E≤1.2	科技创新同步、推动水资源利用水平	系统趋于优化
	(0.5,0.6]	勉强协调	E>1.2	科技超前、影响水资源利用水平	系统趋于退化
0.6<D≤1	(0.6,0.7]	初级协调	0<E<0.8	科技创新滞后、制约水资源利用水平	系统趋于退化
	(0.7,0.8]	中级协调	0.8≤E≤1.2	科技创新同步、推动水资源利用水平	系统趋于优化
	(0.8,0.9]	良好协调			
	(0.9,1]	优质协调	E>1.2	科技创新超前、影响水资源利用水平	系统趋于退化

5.3 实证研究

5.3.1 京津冀科技创新与水资源利用的发展水平

参照《京津冀协同发展规划纲要》《"十三五"时期京津冀国民经济和社会发展规划》等政策文件,明确京津冀地区科技创新与水资源利用的"政策导向性"指标。同时,参照以"京津冀、科技创新、水资源利用"为主题的核心期刊文献,采用文献梳理法,确定京津冀地区科技创新与水资源利用的"文献参考性"指标。结合"政策导向性"指标和"文献参考性"两大类指标,可分别获得京津冀地区科技创新与水资源利用协调评价指标(见表5.2)。

表5.2 京津冀地区科技创新与水资源利用协调评价指标

维度	指标	
	一级指标	二级指标
科技创新	科技创新投入	R&D人员
	科技创新环境	地方财政科学技术支出
	科技创新产出	专利申请受理数
	科技创新成效	每万人口专利拥有量
		技术市场成交额
		高技术产业新产品销售收入
水资源利用	综合用水效率	万元GDP用水量
		人均综合用水量
	产业用水效率	单位有效灌溉面积用水量
		万元农业增加值用水量
		万元工业增加值用水量
		万元服务业增加值用水量
	生活用水效率	人均生活用水量
	生态用水效率	万元GDP废水排放量
		万元GDP COD排放量
		降水量

表5.2中,针对科技创新指标,从科技创新投入、科技创新环境、科技创新产

出、科技创新成效4个方面进行评价。其中,以R&D人员表征科技创新投入;以地方财政科学技术支出表征科技创新环境;以专利申请受理数表征科技创新产出;以每万人口专利拥有量、技术市场成交额、高技术产业新产品销售收入表征科技创新成效。针对水资源利用指标,从综合用水效率、产业用水效率、生活用水效率、生态用水效率4个方面进行评价。其中,以万元GDP用水量、人均综合用水量表征综合用水效率;以单位有效灌溉面积用水量、万元农业增加值用水量、万元工业增加值用水量、万元服务业增加值用水量表征产业用水效率;以人均生活用水量表征生活用水效率;由于影响生态用水效率的主要因素为经济发展及居民生活排放的废水和化学需氧量(COD),同时考虑到降水对水污染能起缓解作用,因此,以万元GDP废水排放量、万元GDP COD排放量及年降水量作为生态用水效率评价指标。

(1) 科技创新水平动态对比

以2009年为基准年,确定2010—2018年京津冀地区科技创新水平,见图5.1。

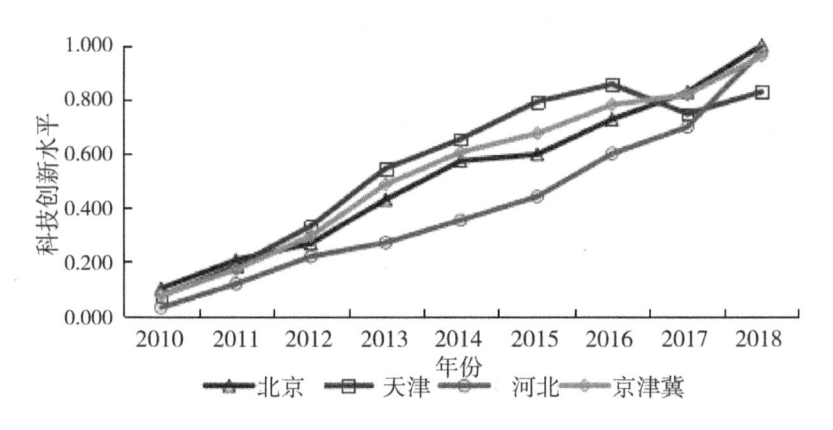

图5.1 京津冀地区科技创新水平

由图5.1可知:2010—2018年,京津冀地区科技创新水平均呈递增趋势,京津冀整体的科技创新水平从0.076增至0.960,年均增长率高达37.3%,其中河北的科技创新水平从0.030增至0.978,年均增长率最高,达到54.5%;其次,天津的科技创新水平从0.073增至0.827,年均增长率高达35.5%;北京的科技创新水平从0.101增至1.000,2018年相对应京津地区达到最高,年均增长率高达33.2%。

京津冀地区科技创新水平变化呈多时态性,具体可表述为:

①2010年,科技创新水平呈现北京(0.101)>天津(0.073)>河北(0.030)

的态势。这是由于北京在科技创新投入、环境、产出和成效方面具有绝对优势,科技创新资源丰富、资源累积能力强大。此时,北京R&D人员达到269 932人,分别是天津(86 374人)和河北(91 794人)的3.1倍、2.9倍;北京地方财政科学技术支出达到179亿元,分别是天津(43亿元)和河北(30亿元)的4.2倍、6.0倍;北京国内专利申请受理数达到57 296件,是天津(25 973件)和河北(12 295件)的2.2倍、4.7倍;北京技术市场成交额达到1 579.54亿元,是天津(119.34亿元)和河北(19.29亿元)的13.2倍、81.9倍;北京每万人口专利拥有量达到17件,是天津(8件)和河北(1件)的2.1倍、17倍;北京高技术产业新产品销售收入达到13 607 777万元,是天津(8 481 937万元)和河北(701 061.5万元)的1.6倍、19.4倍。

②2011—2016年,科技创新水平总体呈现天津(0.854)>北京(0.725)>河北(0.599)的变化规律,这是由于天津科技创新增长空间巨大。天津R&D人员由2011年的111 586人增至2016年的177 165人,年均增长10 930人,年均增长率高达9.8%;地方财政科学技术支出由2011年的60亿元增至2016年的125亿元,年均增长10.8亿元,年均增长率高达18.1%;专利申请受理数由2011年的38 489件增至2016年的106 514件,年均增长11 338件,年均增长率高达29.5%;技术市场成交额由2011年的169.38亿元增至2016年的552.64亿元,年均增长63.9亿元,年均增长率高达37.8%;每万人口专利拥有量由2011年的10件增至2016年的25件,年均增长3件,年均增长率高达30%;高技术产业新产品销售收入由2011年的7 950 951万元增至2016年的15 989 132万元,年均增长1 607 636.2万元,年均增长率高达20.22%。

③2017—2018年,科技创新水平总体呈现北京(1.000)>河北(0.978)>天津(0.827)的规律。这是由于在京津冀一体化背景下,河北受到京津地区科技创新辐射和带动作用,发展势头迅猛,发展指数同比增长40%。此时,河北专利申请受理数同比增长37%、技术市场成交额同比增长210%、每万人口专利拥有量同比增长40%、高技术产业新产品销售收入同比增长9%。综上,北京、河北科技创新发展呈持续向好态势且发展结果均较好,天津前期科技创新发展势头强劲,发展过程较好。

(2)水资源利用水平动态对比

以2009年为基准年,确定2010—2018年京津冀地区水资源利用水平,见图5.2。

由图5.2可知:2010—2018年,京津冀地区水资源利用水平总体呈波动上升态势,京津冀地区水资源利用变化呈多时态性。京津冀整体的水资源利用水

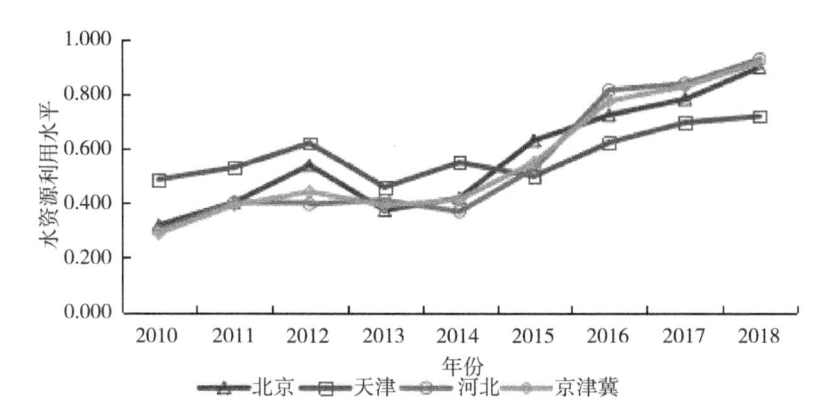

图 5.2 京津冀地区水资源利用水平

平从 0.288 增至 0.915，年均增长率达到 12.2%，其中河北的水资源利用水平从 0.297 增至 0.926，年均增长率高达 15.3%；其次，北京的水资源利用水平从 0.318 增至 0.896，年均增长率高达 13.8%；天津的水资源利用水平从 0.485 增至 0.718，年均增长率最低（5.0%）。至 2018 年，京津冀地区水资源利用水平呈现河北（0.926）＞北京（0.896）＞天津（0.718）的规律，这是京津冀地区水治理力度不断加强、用水效率不断提升的结果。

从综合用水效率来看，京津冀整体的万元 GDP 用水量为 32 m^3，其中北京降至 12 m^3，远低于天津（21 m^3）和河北（56 m^3）。京津冀整体的人均综合用水量降至 221.96 m^3，其中北京为 182.45 m^3，与天津相近（182.23 m^3），均低于河北（241.42 m^3）。

从产业用水效率来看，京津冀整体的单位有效灌溉面积用水量降至每公顷（hm^2）28 m^3，其中北京、天津、河北分别为每公顷 38 m^3、33 m^3、27 m^3。京津冀整体的万元农业增加值用水量、万元工业增加值用水量、万元服务业增加值用水量分别降至 354.03 m^3、14.39 m^3、3.61 m^3，其中北京与河北的万元农业增加值用水量相近，分别为 342.58 m^3、343.81 m^3，远低于天津（565.19 m^3）；北京与天津的万元工业增加值用水量相近，分别为 7.5 m^3、7.8 m^3，远低于河北（13.9 m^3）；天津的万元服务业增加值用水量最低，降至 2.49 m^3，低于北京（3.49 m^3）和河北（4.37 m^3）。

从生活用水效率来看，京津冀整体的人均生活用水量增至 47.53 m^3，其中北京（85.42 m^3）远高于天津（47.56 m^3）和河北（36.73 m^3）。从生态用水效率来看，京津冀整体的万元 GDP 废水排放量降至 6.08 t，其中北京废水排放总量达到 126 413.03 万 t，分别是天津（90 381 万 t）和河北（263 000 万 t）的 1.4 倍、0.5 倍，北京万元 GDP 废水排放量降至 3.82 t，远低于天津（6.76 t）和河北(8.09 t)。京津冀整体的万元GDP COD排放量降至0.000 8 t,其中北京化学需氧量排放量达到5.6万 t,分别是天津(8.7万 t)和河北(48.9万 t)的0.6倍、0.1倍,北京万元GDP COD排放量降至0.000 2 t,远低于天津(0.000 7 t)和河北(0.001 5 t)。京津冀整体的降水量达到1 679.4 mm,其中北京和天津接近,分别为590 mm、581.8 mm,高于河北(507.6 mm),但受到气候变化的影响,京津冀地区的降水量年均差异极大。综上,北京、河北的水治理综合能力较强。

5.3.2 京津冀科技创新与水资源利用的适应性协调水平

根据式(5.3)和式(5.4),采用相对发展度模型和耦合协调模型,将科技创新与水资源利用水平代入计算,得出科技创新与水资源利用的适应性协调水平测算结果(见表5.3)。由表5.3可知:

表5.3 科技创新与水资源利用的适应性协调水平评价结果

地区	年份	D	等级	E	阶段	地区	年份	D	等级	E	阶段
北京	2010	0.42	濒临失调	0.32	滞后	河北	2010	0.31	轻度失调	0.10	滞后
	2011	0.54	勉强协调	0.51	滞后		2011	0.47	濒临失调	0.29	滞后
	2012	0.62	初级协调	0.50	滞后		2012	0.54	勉强协调	0.55	滞后
	2013	0.63	初级协调	1.15	同步		2013	0.58	勉强协调	0.66	滞后
	2014	0.70	初级协调	1.37	同步		2014	0.60	初级协调	0.96	同步
	2015	0.78	中级协调	0.95	同步		2015	0.69	初级协调	0.84	同步
	2016	0.85	良好协调	1.00	同步		2016	0.84	良好协调	0.74	滞后
	2017	0.90	良好协调	1.06	同步		2017	0.87	良好协调	0.83	同步
	2018	0.97	优质协调	1.12	同步		2018	0.98	优质协调	1.06	同步
天津	2010	0.43	濒临失调	0.15	滞后	京津冀	2010	0.38	轻度失调	0.26	滞后
	2011	0.56	勉强协调	0.35	滞后		2011	0.51	濒临失调	0.44	滞后
	2012	0.67	初级协调	0.53	滞后		2012	0.60	勉强协调	0.67	滞后
	2013	0.71	中级协调	1.19	同步		2013	0.66	勉强协调	1.24	超前
	2014	0.77	中级协调	1.19	同步		2014	0.71	初级协调	1.46	超前
	2015	0.79	中级协调	1.59	超前		2015	0.78	初级协调	1.23	超前
	2016	0.85	良好协调	1.37	超前		2016	0.88	良好协调	1.01	同步
	2017	0.85	良好协调	1.07	同步		2017	0.91	良好协调	0.99	同步
	2018	0.88	良好协调	1.15	同步		2018	0.97	优质协调	1.05	同步

①2010—2018年,京津冀科技创新与水资源利用的适应性协调水平呈上升趋势,协调度先由0.38上升至0.97,协调等级由"轻度失调"向"优质协调"过渡。从协调水平变化趋势来看,北京、天津和河北在2010—2018年科技创新与水资源利用的适应性协调发展速度均较快,协调度分别由0.42、0.43、0.31增至0.97、0.88、0.98,年均增长率分别为15.5%、11.0%、9.2%。从协调发展等级来看,北京、河北比天津提前步入科技创新与水资源利用的"优质协调"发展阶段。

②2010—2018年,京津冀整体的科技创新与水资源利用相对发展经历了"滞后-超前-同步"阶段,科技创新由制约、影响向推动水资源利用转变,系统趋于优化。其中,北京、天津、河北科技创新与水资源利用的相对发展阶段基本一致,由"滞后"向"同步"阶段转变。总体来看,北京科技创新与水资源利用处于较为稳定的同步发展阶段。

5.4 结论

基于相关文献研究与实践经验性探索,立足于京津冀国民经济和社会发展的全局,从科技创新、水资源利用等视角,系统设计京津冀地区科技创新与水资源利用适应性协调评价指标,并采用变异系数法,确定指标权重。同时,采用加权综合指数法、相对发展度模型和协调度模型,构建相应的动态评价模型,作为京津冀地区科技创新与水资源利用适应性协调评价的主要方法。该方法有效克服了仅从静态角度对特定年份京津冀地区科技创新与水资源利用进行的评价,反映了不同时期京津冀地区科技创新与水资源利用的动态变化趋势。同时,该方法实现了对不同时期京津冀地区科技创新与水资源利用相对发展度的对比分析,能够综合反映不同时期京津冀地区科技创新与水资源利用的优劣差异及其适应性协调水平,弥补了已有成果对科技创新与水资源利用进行单独分析的不足,更好地把握了京津冀地区科技创新与水资源利用存在的综合问题。评价结果显示:2009—2018年,京津冀地区科技创新与水资源利用水平均有不同程度的提升,科技创新增长较快。针对科技创新、水资源利用2个系统,河北均增长最快。2014—2018年与2009—2013年相比,京津冀地区科技创新均从"滞后"转为"同步"于水资源利用。通过京津冀地区科技创新与水资源利用适应性协调水平对比分析可知,河北增长最快,北京增长最慢。评价结果与京津冀地区科技创新与经济发展治理实践相吻合,进一步验证了评价方法的有效性。通过京津冀地区科技创新水平对比分析,京津冀整体的科技创新水平年均增长率高达37.3%,其中河北、天津、北京依次分别为54.5%、35.5%、33.2%。通过京津冀地区水资源利用水平对比分析,京津冀整体的水资源利用水平年均增长率高达15.5%,其中河北、北京、天津依次分别为15.3%、13.8%、5.0%。通过京津冀地区科技创新与水资源利用协调水平对比分析,河北增长最快,年均增长率达到15.5%,其次为北京(11.0%)、天津(9.2%)。评价结果与京津冀地区科技创新与水治理实践相吻合,进一步验证了评价方法的有效性。

参考文献

[1] KANEKO S, TANAKA K, TOYOTA T, et al. Water efficiency of agricultural production in China: regional comparison from 1999 to 2002[J]. International Journal of Agricultural Resources, Governance and Ecology, 2004, 3(3/4): 231-251.

[2] SAAL D S, DAVID P, TOM W. Determining the contribution of technical change, efficiency change and scale change to productivity growth in the privatized English and Welsh water and sewerage industry: 1985—2000[J]. Journal of Productivity Analysis, 2007, 28(1): 127-139.

[3] BYRNES J, CRASE L, DOLLERY B, et al. The relative economic efficiency of urban water utilities in regional New South Wales and Victoria[j] Resource and Energy Economics, 2010, 32(3): 439-455.

[4] 马海良,黄德春,张继国,等. 中国近年来水资源利用效率的省际差异:技术进步还是技术效率[J]资源科学, 2012, 34(5): 794-801.

[5] 任俊霖,李浩,伍新木,等. 长江经济带省会城市用水效率分析[J]. 中国人口·资源与环境, 2016, 26(5): 101-107.

[6] 李昌彦,王慧敏,佟金萍,等. 基于CGE模型的水资源政策模拟分析——以江西省为例[J]. 资源科学, 2014, 36(1): 84-93.

[7] 张乐勤,陈素平. 基于偏最小二乘通径分析方法的科技创新对用水效率边际效应的测度与分析[J]. 水利水电科技进展, 2018, 38(1): 55-62.

[8] Rixing LIU, Xiaomei PAN. Research on the Dynamic Relationship between China's Technological Innovation, High-quality Economic Growth and Water Resource Utilization Efficiency[J]. Theory and Practice of Science and Technology Science and Technology, 2020, 1(4).

[9] 佟金萍,马剑锋,王慧敏,等. 农业用水效率与技术进步:基于中国农业面板数据的实证研究[J]. 资源科学, 2014, 36(9): 1765-1772.

[10] 刘双双,韩凤鸣,蔡安宁,等. 区域差异下农业用水效率对农业用水量的影响[J]. 长江流域资源与环境, 2017, 26(12): 2099-2110.

[11] 姜蓓蕾,耿雷华,卞锦宇,等. 中国工业用水效率水平驱动因素分析及区划研究[J]. 资源科学, 2014, 36(11): 2231-2239.

[12] 雷玉桃,黄丽萍.中国工业用水效率及其影响因素的区域差异研究——基于SFA的省际面板数据[J].中国软科学,2015(4):155-164.

[13] 王蓓,刘卫东,陆大道.中国大都市区科技资源配置效率研究——以京津冀、长三角和珠三角地区为例[J].地理科学进展,2011,30(10):1233-1239.

[14] 席增雷,袁青川,徐伟.基于Malmquist-TFP模型的京津冀地区科技创新经济效率评价[J].宏观经济研究,2018(7):132-140.

[15] 孙瑜康,李国平.京津冀协同创新水平评价及提升对策研究[J].地理科学进展,2017,36(1):78-86.

[16] 王聪,朱先奇,刘玎琳,等.京津冀协同发展中科技资源配置效率研究——基于超效率DEA-面板Tobit两阶段法[J].科技进步与对策,2017,34(19):47-52.

[17] 仵凤清,高利岩,陈飞宇.京津冀科技梯度测度研究[J].企业经济,2013,32(2):171-176.

[18] 崔志新,陈耀.区域技术协同创新效率测度及其演变特征研究——以京津冀和长三角区域为例[J].当代经济管理,2019,41(3):61-66.

[19] 把增强,王连芳.京津冀生态环境建设:现状、问题与应对[J].石家庄铁道大学学报(社会科学版),2015,9(4):1-5.

[20] 张予,刘某承,白艳莹,等.京津冀生态合作的现状、问题与机制建设[J].资源科学,2015,37(8):1529-1535.

[21] 余茹,成金华.基于AHP-Fuzzy模型的京津冀生态文明评价:13个城市的面板数据研究[J].地域研究与开发,2019,38(6):11-15.

[22] 孟雪,狄乾斌,季建文.京津冀城市群生态绩效水平测度及影响因素[J].经济地理,2020,40(1):181-186.

[23] 申伟宁,夏梓莹,姚东来,等.京津冀生态环境治理的制约因素与协同机制研究[J].华北理工大学学报(社会科学版).2020(3):71-76.

第 6 章
京津冀经济发展的水资源利用现状评价与需求预测研究

水资源是京津冀经济社会可持续发展的战略性资源,为经济产业发展、居民生活和环境保护提供了重要保障。在京津冀协同发展重大国家战略背景下,《京津冀协同发展生态环境保护规划》《京津冀水利协同发展专项规划》等政策文件的出台,明确了 2020 年和 2030 年京津冀用水控制性指标,充分凸显了京津冀政府管理部门对京津冀用水需求重大挑战的积极响应。京津冀"十四五"规划明确提出了增强水资源战略储备、加强水污染治理和水资源保障、提高水资源集约安全利用水平,为加速推进京津冀产业结构转型升级、有效提高水资源利用效率、提升产业发展与水资源利用的协调性指明了方向。开展京津冀经济发展的水资源利用现状评价与需求预测研究,有利于为京津冀经济发展的水资源优化配置、提高京津冀经济发展与水资源利用的协调性提供决策支撑。

6.1 文献综述

1990 年,联合国在《水与可持续发展准则:原理与政策方案》中明确了水资源开发利用在经济可持续发展中的重要地位[1-3]。随后,学术界不断深化水资源利用评价理论研究,建立了各具特色的评价指标体系和方法。在评价体系设计方面,Baccini 和 Bader[4]以区域经济作为出发点,制定了水资源可持续利用研究的评判标准。Bossel[5]将评价水资源开发利用可持续性的指标分为 6 类,同时构建了包含社会经济以及生态环境在内的复杂系统,通过对这 6 类指标的定量计算来综合评价区域可持续发展水平。Hellström 等[6]在 Baccini 和 Bader 的基础上从公共卫生、经济、文化及环境等角度丰富了评判标准。Vieira[7]使用潜在力、可供使用量及需求量三种指标评价单个流域水资源的可持续性。Ioris 等[8]

在流域尺度上构建了一套评价水资源可持续管理的指标体系,包括社会、经济以及环境等诸多子系统。Katz[9]选取人均水资源量、收入、消费等指标来验证水资源利用与经济增长之间存在 EKC 关系。Zhu 等[10]从水资源状态-压力-响应的框架出发,选取了 12 个指标构建了水资源环境指标体系。

在评价方法方面,Higano 等[11]构建了动态线性综合评价模型,评价日本霞浦湖流域水资源与经济发展的耦合关系。Prodanovic 等[12]构建了气候和经济条件变化下水资源系统和经济系统耦合发展模型,并应用于泰晤士河流域,得出泰晤士河上游流域水资源对经济发展影响重大,气候变化是影响经济发展的重要限制因素。Kalbacher 等[13]运用 IWAS-Tool Box 耦合协调模型,分析了区域自然和经济社会条件变化情况下水资源系统的水资源供应与水质变化。Voisin等[14]构建了陆地系统和水循环的耦合模型,评价气候变化情况下人类活动、陆地系统和水循环之间的作用机理。Guiu 等[15]以西班牙东北部的 Llobregat 河为研究对象,构建水资源和经济价值耦合模型,探索水资源稀缺情况下经济效益产出最大化路径。Ngorana 等[16]以撒哈拉以南非洲(SSA)38 个国家为研究对象,采用先验对数生产模型,得出用水量和劳动力数量是实现其经济增长的关键驱动因素。Dadmand 等[17]建立了缺水条件下水资源利用的鲁棒模糊随机规划模型,并将其应用于伊朗东北部马什哈德市农业、城市和工业用水部门,实现了不同消费部门缺水损失最小、利润最大化的目标。

借鉴国际实践经验,国内学者深入开展水资源利用评价体系研究。如李德一等[18]选取人均水资源量和人均用水量两个指标来反映黑龙江省水资源开发利用情况。戴崇标等[19]从可持续性、公平性、共同性 3 个方面共提出 12 项指标,构建了淮河流域水资源可持续利用评价指标体系。吴业鹏等[20]从水资源供给、水资源利用结构、水资源量、水资源投入产出 4 个方面建立水资源子系统的评价指标,定量分析了 2005—2013 年新疆水资源利用情况。喻笑勇等[21]从水资源状况、用水比例、水资源开发利用 3 个方面构建了水资源评价指标体系,对湖北省水资源综合利用水平进行了定量分析。邢霞等[1]从综合用水效率、农业用水效率、工业用水效率、生活用水效率和生态用水效率 5 个维度反映水资源利用水平。庞庆华等[22]运用投入-产出原则构建测算我国 7 个流域用水效率的指标体系,投入指标包括:全年农业供水量、全年工业供水量、全年生活用水量、全年生态用水量、废水排放总量、COD 排放量、固定资产以及年末人口,产出指标为人均 GDP。杨胜苏等[23]选取了水资源自然禀赋、用水负荷、利用程度、质量管理 5 个方面共 17 个具体指标来体现水资源综合利用水平。

梳理文献可知,目前,京津冀水资源利用评价研究主要集中在 3 个方面:

水资源供需风险评估[24-28]、水资源承载力评价[29-30]、水资源与经济发展协调性评价[31-34]。鲜有文献进行不同规划期京津冀水资源盈亏平衡分析,结合京津冀经济发展的产业结构优化布局,对京津冀经济发展的水资源利用需求进行科学预测,未全面考虑京津冀经济产业发展与水资源利用需求的关联性。为此,测算京津冀不同规划期产业结构变化系数,明确工农业水资源利用变化趋势,根据京津冀水资源总量与供给量变化,开展不同规划期京津冀水资源盈亏平衡分析研究。同时,合理估算经济发展用水量,评价水资源利用与经济发展的关联性。在此基础上,对京津冀经济产业结构变化及其用水需求进行合理预测。

6.2 京津冀经济发展的水资源利用现状评价

6.2.1 产业结构变动系数

"八五"—"十三五"时期,伴随中国城镇化与工业化进程加速,京津冀地区加快产业结构调整与转型升级,第一、第二产业结构占比稳步下降,第三产业结构占比快速上升。北京经济发展已进入后工业化时期,以第三产业为主。其中第一产业、第二产业结构占比均值分别从6.28%、46.57%降至0.41%、17.74%,第三产业结构占比均值从47.16%升至81.85%。天津经济发展从工业化后期迈向后工业化时期,第三产业逐渐成为主导产业,但第二产业结构占比仍较高。其中第一、第二产业结构占比均值分别从7.07%、56.73%降至1.19%、38.67%,第三产业结构占比均值从36.20%持续升至60.14%。河北经济发展从工业化时期迈向工业化后期,以第二产业为主,第二、第三产业同步发展。其中第一产业结构占比均值从20.57%持续降至10.10%,第二产业结构占比均值从"八五"时期的46.49%先持续升至"十一五"时期的53.01%,后降至"十三五"的43.15%,第三产业结构占比均值从32.94%升至46.75%。至"十三五"时期,第三产业结构占比均值超过第二产业,见图6.1。

产业结构变动系数主要是通过三次产业的当期产值比重与基期产值比重的比较,揭示产业结构变动的方向。不同规划期京津冀地区的产业结构变动系数,见图6.2。

从图6.2中可以看出,"八五"—"十三五"时期,京津冀地区第一产业结构变动系数均值始终为负值(仅"十三五"时期天津为正值),说明京津冀地区第一产业呈现快速收缩态势。其中,北京收缩趋势尤为明显,"八五"—"十五"时期,北

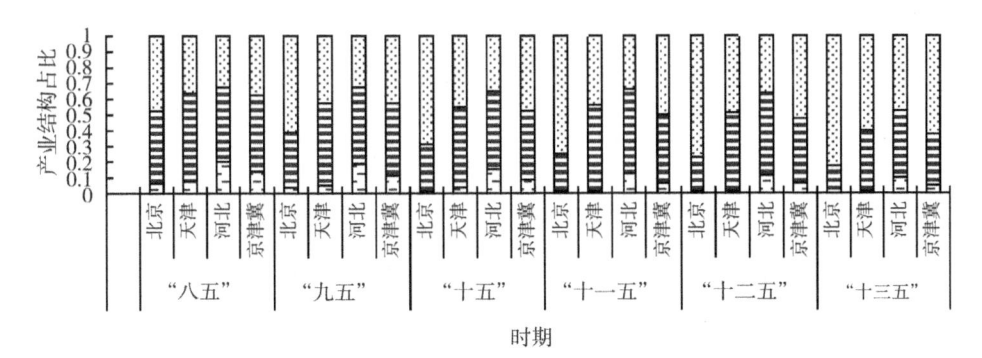

注：指标数据系作者参考1981—2019年《中国统计年鉴》计算得到。

图 6.1　"八五"—"十三五"时期京津冀地区产业结构变化

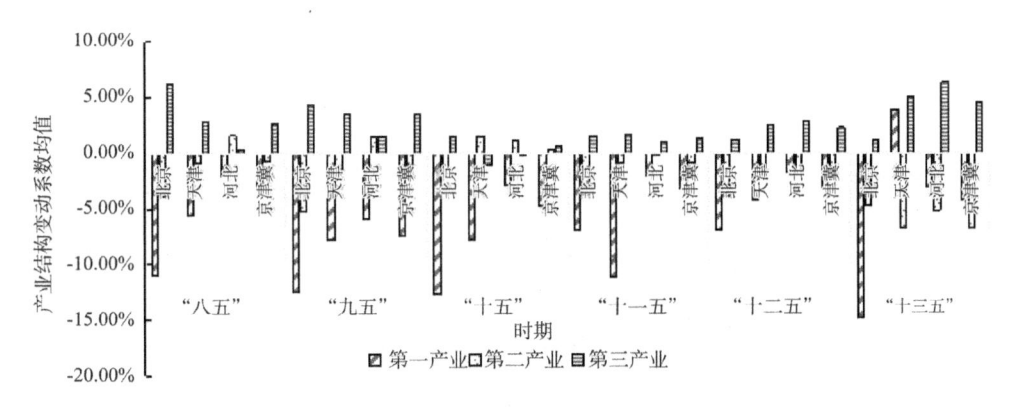

注：指标数据系作者参考1981—2019年《中国统计年鉴》计算得到。

图 6.2　"八五"—"十三五"时期京津冀地区三次产业结构变动系数

京第一产业变动系数均值的绝对值达到10%以上。"十一五"—"十二五"时期，北京第一产业变动系数均值的绝对值接近7%。至"十三五"时期，北京第一产业变动系数均值的绝对值接近15%。"八五"—"十二五"时期，天津第一产业变动系数均值的绝对值在4%~8%之间变化，仅"十一五"时期超过10%。至"十三五"时期，第一产业变动系数均值为3.19%。"八五"—"十三五"时期，河北第一产业变动系数均值的绝对值主要在2%~3%区间变化，仅"九五"时期接近6%。

"八五"—"十三五"时期，京津冀地区第二产业结构变动系数均值总体为负值，说明京津冀地区第二产业呈现逐步收缩态势。"八五"—"九五"时期，京津地区第二产业结构变动系数均值为负值，而河北第二产业结构变动系数均值为正值。至"十五"时期,京津冀地区第二产业结构变动系数均值均为正值。"十一五"—"十三五"时期,京津冀地区第二产业结构变动系数均值始终为负值。总体来看,北京第二产业收缩较为明显,北京第二产业变动系数均值的绝对值高于天津和河北。

"八五"—"十三五"时期,京津冀地区第三产业结构变动系数均值始终为正值(仅"十五"时期津冀地区为负值),说明京津冀地区第三产业呈现较为稳定的扩张态势。其中,北京第三产业扩张态势由强到弱,北京第三产业结构变动系数均值从"八五"时期的6.18%持续降至"十三五"时期的1.20%。天津和河北的第三产业结构变动系数均值均处于波动性扩大阶段,且具有相似阶段性特征,分别从"八五"时期的2.86%、0.27%扩大到"十三五"时期的5.06%、6.34%。"十五"时期,天津和河北的第三产业结构变动系数均值均为负值,分别为-1.08%、-0.20%。

6.2.2 工农业水资源利用变化

京津冀地区的主导产业经历了"第一产业→第二产业→第三产业"的演变过程,京津冀水资源随着产业结构的调整在不同产业之间进行重新配置。京津冀地区工农业用水占比有所下降,生活和生态用水占比逐年提升(2003年以前,京津冀地区未单独统计生态用水数据)。1990—2019年,京津冀地区产业用水量变化,见图6.3。

"八五"—"十三五"时期,从用水总量变化看,北京用水总量均值从44.18亿m^3波动式降至39.83亿m^3。天津用水总量均值从22.06亿m^3波动式升至27.88亿m^3。河北用水总量均值从201.72亿m^3波动式降至182.23亿m^3。其次,从农业用水量变化看,北京农业用水量均值快速下降,从20.87亿m^3降至4.75亿m^3,下降幅度超过75%。天津农业用水量均值波动式变化,但稳定在11亿m^3左右。河北农业用水量均值逐步下降,从163.29亿m^3降至122.37亿m^3。从工业用水量变化看,北京工业用水量均值快速下降,从13.77亿m^3降至3.48亿m^3,下降幅度为75%。天津工业用水量均值波动式下降,从7.01亿m^3降至5.48亿m^3,下降幅度为22%。河北工业用水量均值波动式下降,从26.25亿m^3降至20.02亿m^3,下降幅度为24%。从生活用水量变化看,北京生活用水量均值快速上升,从9.55亿m^3升至18.30亿m^3,上升了近1倍。天津生活用水量均值快速上升,从4.3亿m^3升至6.65亿m^3,上升幅度为55%。河北生活用水量均值快速上升,从11.79亿m^3升至26.91亿m^3,上升近1.3倍。

图 6.3 1990—2019 年京津冀地区水资源利用变化

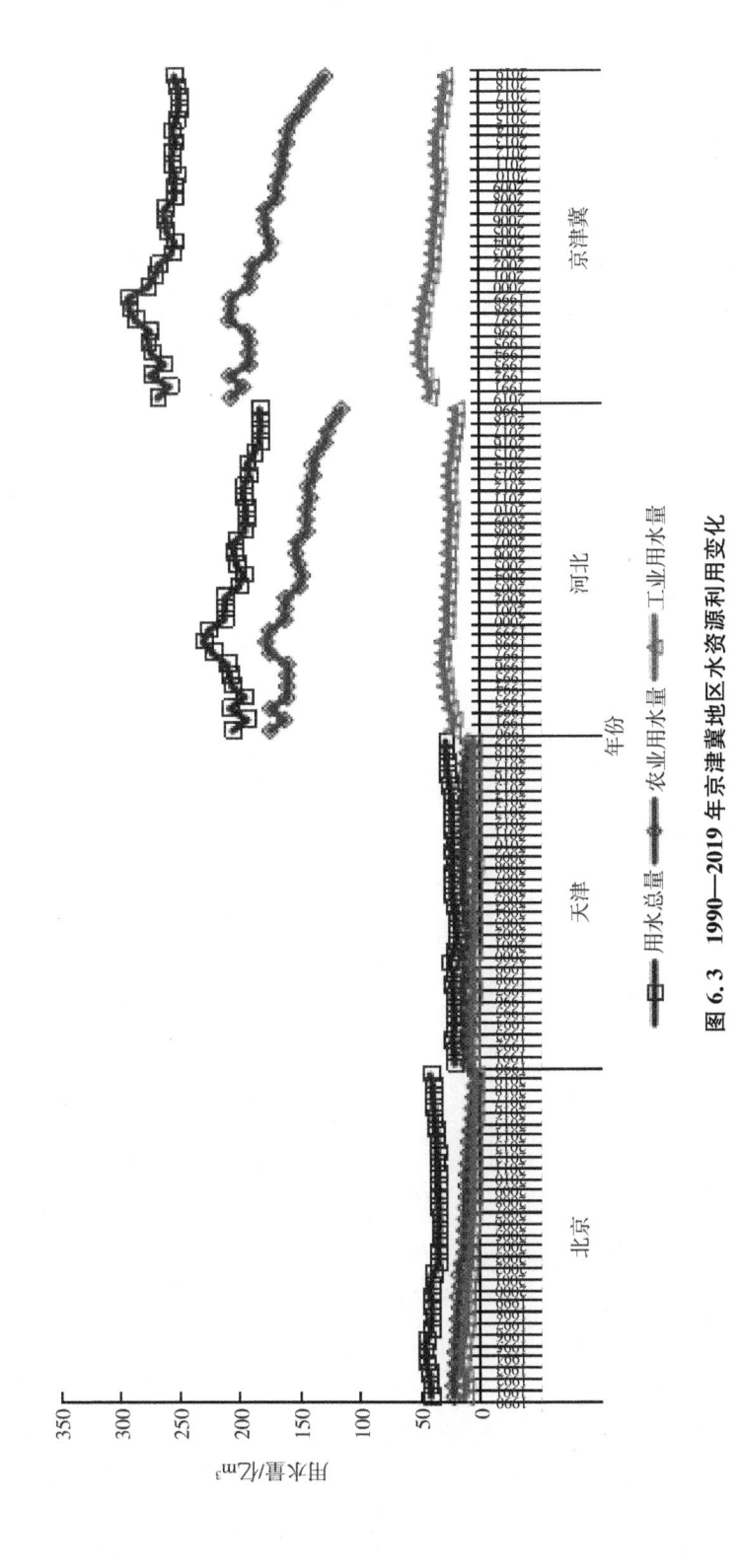

6.2.3 水资源盈亏平衡分析

(1) 水资源总量分析

"十五"—"十三五"时期,京津冀各地区的水资源量变化较为显著。不同规划期京津冀各地区的水资源量变化,见表6.1。

表6.1 不同规划期京津冀地区水资源量变化

时期	地区	水资源总量均值/亿 m³	地表水资源量均值/亿 m³	地下水资源量均值/亿 m³	人均水资源量均值/m³
"十五"	北京	19.65	6.96	16.04	134.37
	天津	8.97	5.69	3.79	87.87
	河北	127.67	51.97	121.08	188.34
	京津冀	156.29	64.62	140.90	168.72
"十一五"	北京	25.00	8.21	19.69	141.64
	天津	12.83	8.78	5.04	109.20
	河北	133.65	49.53	114.68	190.46
	京津冀	171.48	66.51	139.41	171.93
"十二五"	北京	27.64	10.47	20.59	131.76
	天津	17.43	13.05	5.29	120.75
	河北	161.98	72.45	126.55	221.18
	京津冀	207.05	95.98	152.43	190.50
"十三五"	北京	31.25	12.23	24.55	144.46
	天津	14.41	9.95	5.78	92.35
	河北	156.05	75.65	118.05	207.36
	京津冀	201.71	97.83	148.38	179.29

注:"十三五"时期主要指2016—2019年统计数据,下同。

根据表6.1可知,从京津冀地区的水资源总量变化来看,"十五"—"十三五"时期,京津冀各个地区的水资源总量均值均有所增加,京津冀整体增长幅度为29%,其中北京、天津、河北的增长幅度分别为59%、61%、22%,天津增长幅度最大。但至"十三五"时期,京津冀整体的水资源总量均值仅达到201.71亿 m³。其中,北京水资源总量均值仅为31.25亿 m³,天津水资源总量均值低于北京的一半。河北相对于京津地区的水资源总量较多,河北水资源总量均值为156.05亿 m³。"十五"时期,河北的水资源总量均值分别为北京、天津的6.50倍、14.23

倍,至"十三五"时期,分别波动式降至4.99倍、10.83倍。

从京津冀地区的地表水资源量变化来看,"十五"—"十三五"时期,京津冀地区的地表水资源量均值总体呈增长态势,京津冀整体的地表水资源量均值的增长幅度为51%,北京地表水资源量均值增长幅度最大,达到76%,其次为天津(75%)、河北(46%)。但河北相对于京津地区的地表水资源量较多。"十五"时期,河北的地表水资源量均值分别为北京、天津的7.47倍、9.13倍,至"十三五"时期,分别降至6.19倍、7.60倍。

从京津冀地区的地下水资源量变化来看,"十五"—"十三五"时期,京津冀地区的地下水资源量均值总体呈缓慢增长态势,京津冀整体的地下水资源量均值的增长幅度仅为5%,北京地下水资源量均值增长幅度最大,达到53%,其次为天津(53%)、河北(-3%)。但河北相对于京津地区的地下水资源量较多。"十五"时期,河北的地下水资源量均值分别为北京、天津的7.55倍、31.95倍,至"十三五"时期,分别波动式降至4.81倍、20.42倍。

从京津冀地区的地表水资源量与地下水资源量对比变化来看,"十五"—"十三五"时期,京津冀地区的地下水资源量增长较快。"十五"时期,京津冀整体的地下水资源量均值为地表水资源量均值的2.18倍,至"十三五"时期,降至1.52倍。同期,北京、天津、河北的地下水资源量均值与地表水资源量均值相比,分别从2.30倍、0.67倍、2.33倍降至2.01倍、0.58倍、1.56倍。

(2) 水资源供给量分析

京津冀地区的水资源供给量主要包括地表水供水量、地下水供水量,以及其他供水量(包括南水北调水、再生水、海水淡化等)。2000—2019年,京津冀地区供水量变化,见图6.4。

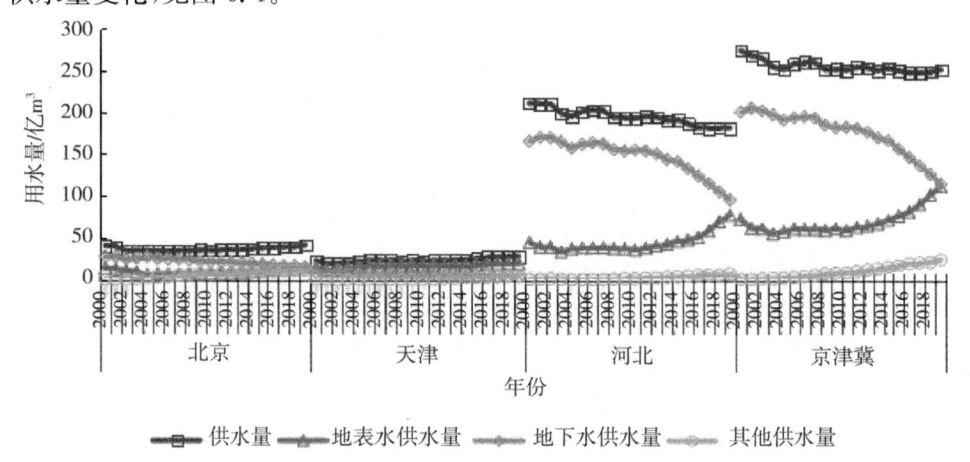

图 6.4 2000—2019 年京津冀地区供水量变化

"十五"—"十三五"时期，京津冀整体的供水量均值从 260.49 亿 m^3 降至 249.11 亿 m^3。其中，北京、天津的供水量持续增长，而河北的供水量有所减少。"十五"时期，北京、天津、河北的供水量均值分别为 35.52 亿 m^3、20.95 亿 m^3、204.02 亿 m^3。至"十三五"时期，北京、天津的供水量均值有所增加，分别达到 39.2 亿 m^3、27.71 亿 m^3。而河北供水量均值有所减少，降至 182.21 亿 m^3。

不同规划期京津冀各个地区的水资源供给量与供给比重变化，见表 6.2。

根据表 6.2 可知，从京津冀地区的地表水供水量与供给比重变化来看，"十五"—"十三五"时期，京津冀地区的地表水供水量总体呈增长态势，京津冀整体的地表水供水量均值的增长幅度高达 62%。其中，河北地表水供水量均值的增长幅度最大（73%），其次为北京（48%）、天津（43%）。"十五"时期，河北的地表水供水量均值分别为北京、天津的 4.33 倍、2.81 倍，至"十三五"时期，分别增至 5.08 倍、3.38 倍。"十五"—"十三五"时期，京津冀整体的地表水供水量占比均值增长了 15.41 个百分点。其中，河北的地表水供水量占比均值增长最快，增长了 17.11 个百分点，其次为北京增长了 7.85 个百分点，天津增长了 4.93 个百分点。

表 6.2 不同规划期京津冀地区水资源供给量与供给比重变化

规划期	地区	地表水供水量均值/亿 m^3	地表水供水占比均值/%	地下水供水量均值/亿 m^3	地下水供水占比均值/%	其他供水量均值/亿 m^3	其他供水占比均值/%
"十五"	北京	8.62	24.13	25.72	72.47	1.18	3.40
	天津	13.44	63.88	7.47	35.95	0.04	0.18
	河北	37.76	18.51	165.50	81.12	0.76	0.37
	京津冀	59.83	22.96	198.68	76.27	1.98	0.77
"十一五"	北京	6.45	18.44	22.89	65.50	5.63	16.06
	天津	16.38	71.51	6.34	27.68	0.18	0.81
	河北	37.80	19.11	158.90	80.34	1.08	0.55
	京津冀	60.63	23.72	188.13	73.57	6.90	2.71
"十二五"	北京	8.83	23.95	19.82	53.96	8.14	22.09
	天津	16.57	69.18	5.45	22.82	1.94	8.01
	河北	43.68	22.72	145.27	75.41	3.58	1.87
	京津冀	69.07	27.28	170.53	67.32	13.66	5.40

续表

规划期	地区	地表水供水量均值/亿 m³	地表水供水占比均值/%	地下水供水量均值/亿 m³	地下水供水占比均值/%	其他供水量均值/亿 m³	其他供水占比均值/%
"十三五"	北京	12.77	31.98	16.37	41.16	10.71	26.86
	天津	19.18	68.81	4.41	15.83	4.29	15.36
	河北	64.91	35.62	110.90	60.86	6.42	3.52
	京津冀	96.87	38.73	131.67	52.71	21.42	8.57

从京津冀地区的地下水供水量与供给比重变化来看,"十五"—"十三五"时期,京津冀地区的地下水供水量总体呈减少态势,京津冀整体的地下水供水量均值的下降幅度为 34%,天津地下水供水量均值的下降幅度最大(41%),其次为北京(36%)、河北(33%)。"十五"时期,河北的地下水供水量均值分别为北京、天津的 6.43 倍、22.16 倍,至"十三五"时期,分别增至 6.77 倍、25.15 倍。"十五"—"十三五"时期,京津冀整体的地下水供水量占比均值下降了 23.56 个百分点,北京的地下水供水量占比均值下降最快,下降了 31.31 个百分点,其次为河北下降了 20.26 个百分点,天津下降了 20.12 个百分点。

从京津冀地区的其他供水量与供给比重变化来看,"十五"—"十三五"时期,京津冀地区的其他供水量总体呈快速增长态势,京津冀整体的其他供水量均值增长了 9.82 倍,天津其他供水量均值增长最快,增长了 106.25 倍,其次为北京(8.08 倍)、河北(7.45 倍)。"十五"时期,北京的其他供水量均值分别为天津、河北的 29.50 倍、1.55 倍,至"十三五"时期,分别快速降至 2.50 倍、1.67 倍。"十五"—"十三五"时期,京津冀整体的其他供水量占比均值增长了 7.80 个百分点,北京的其他供水量占比均值增长最快,增长了 23.46 个百分点,其次为天津,增长了 15.18 个百分点,河北增长了 3.15 个百分点。

从京津冀地区的地表水供水量、地下水供水量、其他供水量对比来看,"十五"—"十三五"时期,北京的地下水供水量最大,天津的地表水供水量最大,河北地下水供水量最大,京津冀各地区及整体的其他供水量最小。"十五"时期,京津冀整体的地下水供水量均值为地表水供水量均值的 3.32 倍,至"十三五"时期,降至 1.36 倍。同期,北京、河北的地下水供水量与地表水供水量之差进一步缩小,北京、河北的地下水供水量均值与地表水供水量均值相比,分别从 2.98 倍、4.38 倍降至 1.28 倍、1.71 倍。地表水供水量与地下水供水量之差进一步扩大,天津的地表水供水量均值与地下水供水量均值之比从 1.80 倍升至 4.35 倍。至"十三五"时期,北京的其他供水量与地表水供水量的差距较小。

（3）水资源盈亏量

京津冀地区的水资源供需缺口较大，水资源总量不足以满足水资源利用量。京津冀地区水资源供需矛盾没有得到有效缓解，成为困扰京津冀地区经济社会发展的长期突出问题。京津冀地区水资源总量不足和经济社会快速发展之间的矛盾造成京津冀地区对地下水资源过度依赖，同时，天津对地表水资源也呈现过度依赖状态。但京津冀地区通过加强地下水资源保护，已逐渐摆脱对地下水资源的过度依赖。从京津冀各个地区的水资源总量与水资源供给量对比来看，不同规划期京津冀各个地区的水资源盈亏平衡分析，见表 6.3。

表 6.3 不同规划期京津冀地区水资源盈亏平衡分析

规划期	地区	水资源盈亏总量均值/亿 m³	水资源总盈亏率均值/%	地表水资源盈亏量均值/亿 m³	地表水资源盈亏率均值/%	地下水资源盈亏量均值/亿 m³	地下水资源盈亏率均值/%
"十五"	北京	−15.87	−83.72	−1.66	−29.59	−9.68	−61.46
	天津	−11.98	−189.36	−7.75	−209.11	−3.68	−133.04
	河北	−76.35	−68.87	14.20	26.34	−44.42	−39.98
	京津冀	−104.20	−75.51	4.79	5.31	−57.78	−43.63
"十一五"	北京	−9.97	−43.82	1.75	15.58	−3.20	−18.01
	天津	−10.07	−90.71	−7.60	−106.26	−1.30	−27.87
	河北	−64.14	−51.37	11.73	21.02	−44.22	−41.10
	京津冀	−84.18	−52.46	5.88	5.71	−48.72	−37.22
"十二五"	北京	−9.14	−39.76	1.64	4.75	0.77	1.29
	天津	−6.53	−59.01	−3.51	−52.31	−0.16	−8.45
	河北	−30.54	−27.30	28.78	31.67	−18.72	−19.06
	京津冀	−46.21	−31.10	26.91	18.23	−18.10	−15.74
"十三五"	北京	−8.58	−30.83	−0.55	−11.39	8.18	32.22
	天津	−13.47	−116.81	−9.23	−123.15	1.37	21.41
	河北	−26.18	−22.69	10.74	4.36	7.15	5.71
	京津冀	−48.23	−29.96	0.96	−9.54	16.70	10.92

注：水资源盈亏量＝水资源总量－水资源供给量；水资源盈亏率＝水资源盈亏量/水资源总量。

根据表 6.3 可知，从京津冀地区水资源盈亏总量绝对值的对比变化来看，河北水资源盈亏总量绝对值最大，北京、河北的水资源盈亏总量绝对值不断缩小，天津的水资源盈亏总量绝对值先缩小后扩大,且总体扩大。"十五"—"十三五"时期,京津冀整体水资源盈亏总量均值的绝对值从 104.20 亿 m³ 持续缩小到 48.23 亿 m³,下降幅度达到 53.71%。其中,河北水资源盈亏总量均值的绝对值下降最快,从 76.35 亿 m³ 持续缩小到 26.18 亿 m³,下降幅度高达 65.71%。其次为北京,从 15.87 亿 m³ 持续缩小到 8.58 亿 m³,下降幅度达到 45.94%。而天津先从"十五"时期的 11.98 亿 m³ 持续缩小到"十二五"时期的 6.53 亿 m³,然后扩大到"十三五"时期的 13.47 亿 m³,总体增长幅度仅为 12.44%。

从京津冀地区地表水资源盈亏量对比变化来看,北京地表水资源呈现"盈亏—盈余—盈亏"的交替变化态势,天津地表水资源一直处于盈亏状态,而河北地表水资源一直处于盈余状态,但波动式变化明显。"十五"—"十三五"时期,京津冀整体地表水资源一直处于盈余状态,但从 4.79 亿 m³ 降至 0.96 亿 m³,下降了 79.96%。其中,"十五"时期,北京地表水资源盈亏量均值的绝对值为 1.66 亿 m³,"十一五"—"十二五"时期,北京地表水资源已从盈亏量转变为盈余量,但地表水资源盈余量均值有所下降,从 1.75 亿 m³ 降至 1.64 亿 m³。"十三五"时期,北京地表水资源再次转为盈亏量,地表水资源盈亏量均值的绝对值为 0.55 亿 m³。"十五"—"十二五"时期,天津地表水盈亏量均值的绝对值从 7.75 亿 m³ 降至 3.51 亿 m³,下降幅度达到 50%左右。但至"十三五"时期,天津地表水盈亏量均值的绝对值又扩大到 9.23 亿 m³。"十五"—"十三五"时期,天津地表水盈亏量均值的绝对值增长幅度为 19.10%。"十五"—"十二五"时期,河北地表水资源盈余量翻了一番,从 14.20 亿 m³ 增至 28.78 亿 m³。至"十三五"时期,河北地表水资源盈余量降至 10.74 亿 m³,"十五"—"十三五"时期,河北地表水资源盈余量总体下降幅度为 24.4%。

从京津冀地区地下水资源盈亏量对比变化来看,京津冀地区地下水资源均从"盈亏"转变为"盈余"状态。"十五"—"十二五"时期,京津冀整体地下水资源一直处于盈亏状态,但地下水资源盈亏量均值的绝对值持续缩小,从 57.78 亿 m³ 缩小到 18.10 亿 m³,下降幅度达到 68.67%。至"十三五"时期,京津冀整体地下水资源处于盈余状态,达到 16.70 亿 m³。其中,"十五"—"十一五"时期,北京地下水资源盈亏量均值的绝对值从 9.68 亿 m³ 缩小到 3.20 亿 m³,"十二五"—"十三五"时期,北京地下水资源已从盈亏量转变为盈余量,地下水资源盈余量均值持续扩大,从 0.77 亿 m³ 增至 8.18 亿 m³,增长了 9.6 倍。"十五"—"十二五"时期,天津地下水资源一直处于盈亏状态,天津地下水盈亏量均值的绝对值从 3.68 亿 m³ 降至 0.16 亿 m³,下降幅度达到 95.65%。至"十三五"时期,天津地下水盈余量均值达到 1.37 亿 m³。"十五"—"十二五"时期,河北地下水资源一直处于盈亏状态,河北地下水盈亏量均值的绝对值从 44.42 亿 m³ 降至 18.72 亿 m³,下降幅度达到 57.86%。至"十三五"时期,河北地下水盈余量均值达到 7.15 亿 m³。

(4) 水资源盈亏率

从京津冀地区水资源总盈亏率对比变化来看,天津水资源总盈亏率的绝对值最大,京津冀地区水资源总盈亏率的绝对值不断缩小。"十五"—"十三五"时期,京津冀整体水资源总盈亏率均值的绝对值从 75.51% 持续降至 29.96%,下降了 45.55 个百分点。其中,天津水资源总盈亏率的绝对值下降最快,从 189.36% 降至 116.81%,下降了 72.55 个百分点。其次为北京,水资源总盈亏率均值的绝对值从 83.72% 降至 30.83%,下降了 52.89 个百分点。河北水资源总盈亏率均值的绝对值从 68.87% 降至 22.69%,下降了 46.18 个百分点。

从京津冀地区地表水资源盈亏率对比变化来看,天津的地表水资源盈亏率的绝对值最大,但总体在减小,北京的地表水资源盈亏率的绝对值总体在减小,并阶段性呈现地表水资源盈余时期。河北一直处于地表水资源盈余时期。"十五"—"十三五"时期,京津冀整体的地表水资源盈余率均值从"十五"时期的 5.31% 增至"十二五"时期的 18.23%,提高了 12.92 个百分点,至"十三五"时期,京津冀整体的地表水资源盈亏率均值为 9.54%。其中,"十五"时期,北京的地表水资源盈亏率均值的绝对值为 29.59%。"十一五"—"十二五"时期,北京的地表水资源盈余率均值从 15.58% 降至 4.75%,下降了 10.83 个百分点。"十三五"时期,北京的地表水资源盈亏率均值为 11.39%。"十五"—"十三五"时期,北京的地表水资源盈亏率均值的绝对值下降了 18.2 个百分点。同时,天津的地表水资源盈亏率均值的绝对值从 209.11% 总体减小到 123.15%,下降了 85.96 个百分点。"十五"—"十三五"时期,河北地表水资源盈余率均值从 26.34% 降至 4.36%,下降了 21.98 个百分点。

从京津冀地区地下水资源盈亏率对比变化来看,京津冀地区地下水资源盈亏率的绝对值不断减小,并进入地下水资源盈余时期。"十五"—"十二五"时期,京津冀整体的地下水资源盈亏率均值的绝对值从 43.63% 减小到 15.74%,下降了 27.89 个百分点。至"十三五"时期,京津冀整体的地下水资源盈余率达到 10.92%。其中,"十五"—"十一五"时期,北京地下水资源盈亏率均值的绝对值从 61.46% 减小到 18.01%,下降了 43.45 个百分点。"十二五"—"十三五"时期,北京地下水资源盈余率均值从 1.29% 增至 32.22%。"十五"—"十二五"时期,天津、河北的地下水资源盈亏率均值的绝对值分别从 133.04%、39.98% 减小到 8.45%、19.06%,分别下降了 124.59 个百分点、20.92 个百分点。至"十三五"时期,天津、河北的地下水资源盈余率均值分别达到 21.41%、5.71%。

6.2.4 经济发展用水估算

针对《中国统计年鉴》,仅统计京津冀地区的农业、工业、生活、生态四大类用水量和用水总量,其中,生活用水量包括居民生活用水量、第三产业和建筑业用水量。针对京津冀地区历年的水资源公报,北京、河北并没有将第一产业、第二产业和第三产业的用水量单独列出。其中,第一产业只统计了农业用水数据,工业用水数据并没有包含第二产业中建筑业用水量,第三产业用水数据则包含在生活用水量数据中。由于仅 2003—2018 年的《天津市水资源公报》对三次产业用水情况进行了统计,因此,只能通过天津三次产业用水量和居民生活用水量的数据,估算第一产业与农业用水量、第二产业与工业用水量、居民生活与生活用水量的折算系数,并对北京、河北产业用水量和居民生活用水量分别进行推导和估算,可用公式表示为

$$\begin{cases} FI_i(t) = FI_{12}(t) \cdot k_{1i} = FI_{12}(t) \cdot \dfrac{1}{T}\sum_{t=1}^{T} \dfrac{FI_{12}(t)}{A_{12}(t)} \cdot \dfrac{A_{1i}(t)}{A_{12}(t)} \\ SI_i(t) = SI_{22}(t) \cdot k_{2i} = SI_{22}(t) \cdot \dfrac{1}{T}\sum_{t=1}^{T} \dfrac{SI_{22}(t)}{I_{22}(t)} \cdot \dfrac{I_{2i}(t)}{I_{22}(t)} \\ PL_i(t) = L_i(t) \cdot k_i = L_i(t) \cdot \dfrac{1}{T}\sum_{t=1}^{T} \dfrac{PL_i(t)}{L_i(t)} \\ TI_i(t) = Total_i(t) - FI_i(t) - SI_i(t) - PL_i(t) - EI_i(t) \end{cases} \quad (6.1)$$

式(6.1)中,$FI_i(t)$、$SI_i(t)$、$PL_i(t)$、$TI_i(t)$ 分别为第 t 个时期第 i 个地区第一产业用水量、第二产业用水量、生活用水量、第三产业用水量的估算值;k_{1i}、k_{2i}、k_i($i=1,2,3$ 分别为北京、天津、河北)分别为第 i 个地区第一产业用水量、第二产业用水量、生活用水量的折算系数;$\dfrac{FI_{12}(t)}{A_{12}(t)}$ 为第 t 个时期天津第一产业用水量与天津农业用水量的比值;$\dfrac{A_{1i}(t)}{A_{12}(t)}$ 为第 t 个时期第 i 个地区农业用水量与天津农业用水量的比值;$\dfrac{SI_{22}(t)}{I_{22}(t)}$ 为第 t 个时期天津第二产业用水量与天津工业用水量的比值;$\dfrac{I_{2i}(t)}{I_{22}(t)}$ 为第 t 个时期第 i 个地区工业用水量与天津工业用水量的比值;$\dfrac{PL_i(t)}{L_i(t)}$ 为第 t 个时期第 i 个地区居民生活用水量与生活用水量的比值;$Total_i(t)$ 为第 t 个时期第 i 个地区用水总量;$EI_i(t)$ 为第 t 个时期第 i 个地区生

态用水量。

根据式(6.1),确定"八五"—"十三五"时期京津冀地区产业发展的用水量,见图 6.5。

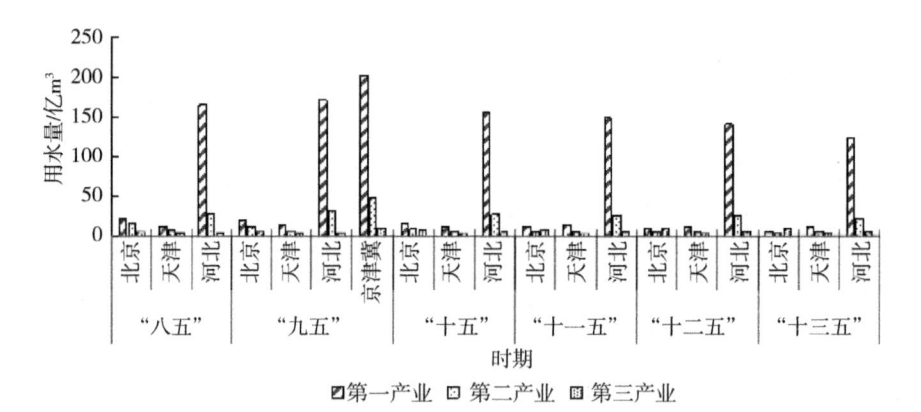

图 6.5 不同时期京津冀地区产业发展用水量变化

6.2.5 经济发展用水关联分析

根据不同时期京津冀地区经济发展与水资源利用的演变态势,将京津冀地区用水量作为母变量,将京津冀地区产业生产总值作为子变量,对京津冀地区产业生产总值与用水量进行无量纲化处理,运用灰色关联评价法,计算京津冀地区产业发展用水的关联度,可用公式表示为

$$\begin{cases} C_{ij} = \dfrac{1}{T}\sum_{t=1}^{T} N_{ij}(t) \\ N_{ij}(t) = \dfrac{\left[\min\limits_{j}\min\limits_{t}|Y'_i(t)-X'_{ij}(t)| + \rho\max\limits_{j}\max\limits_{t}|Y'_i(t)-X'_{ij}(t)|\right]}{|Y'_i(t)-X'_{ij}(t)| + \rho\max\limits_{j}\max\limits_{t}|Y'_i(t)-X'_{ij}(t)|} \\ Y'_i(t) = \dfrac{Y_i(t)}{Y_i(t_0)} \\ X'_{ij}(t) = \dfrac{X_{ij}(t)}{X_{ij}(t_0)} \\ Y_i(t) = \{Y_i(1),Y_i(2),\cdots,Y_i(n)\} \\ X_{ij}(t) = \{X_{ij}(1),X_{ij}(2),\cdots,X_{ij}(n)\} \end{cases} \quad (6.2)$$

式(6.2)中,C_{ij} 为第 i 地区第 j 产业用水的关联度($i=1,2,3$ 分别代表北京、天津、河北;$j=1,2,3$ 分别代表第一产业、第二产业和第三产业);$N_{ij}(t)$ 为第 t 时期第 i 地区的水资源利用和第 i 地区第 j 产业的灰色关联系数;$Y'_i(t)$、

$X'_{ij}(t)$ 分别为 $Y_i(t)$、$X_{ij}(t)$ 的无量纲值；$Y_i(t)$、$Y_i(t_0)$ 分别为第 t 时期、基期 t_0 时期第 i 个地区的用水量；$X_{ij}(t)$、$X_{ij}(t_0)$ 分别为第 t 时期、基期 t_0 时期第 i 地区第 j 产业的生产总值；ρ 称为分辨系数，一般取值区间为 $[0,1]$，ρ 越小，分辨力越大，通常取 $\rho = 0.5$；$\min\limits_{j}\min\limits_{t}|Y'_i(t) - X'_{ij}(t)|$ 表示两级最小差，其中 $\min\limits_{t}|Y'_i(t) - X'_{ij}(t)|$、$\min\limits_{j}(\min\limits_{t}|Y'_i(t) - X'_{ij}(t)|)$ 分别为第一级、第二级最小差；$\max\limits_{j}\max\limits_{t}|Y'_i(t) - X'_{ij}(t)|$ 表示两级最大差，其中 $\max\limits_{t}|Y'_i(t) - X'_{ij}(t)|$、$\max\limits_{j}(\max\limits_{t}|Y'_i(t) - X'_{ij}(t)|)$ 分别为第一级、第二级最大差。

根据式（6.2），计算得到"八五"—"十三五"时期京津冀地区产业发展用水关联度，见图 6.6。

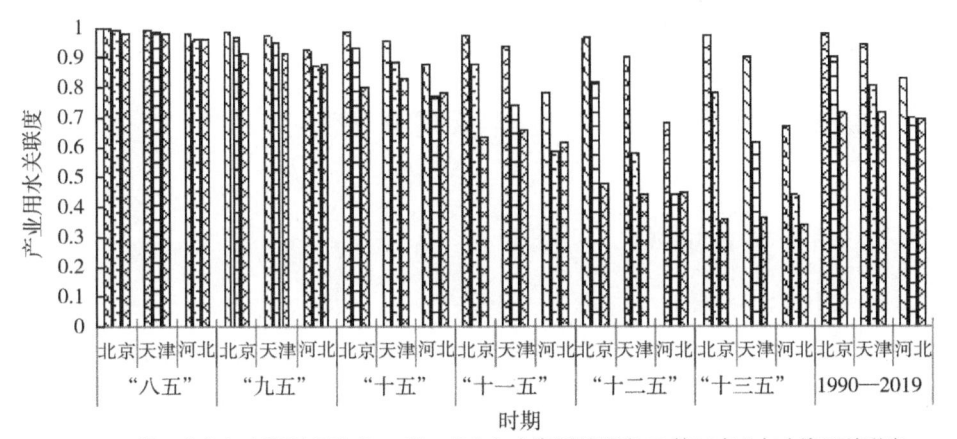

图 6.6 "八五"—"十三五"时期京津冀地区产业发展用水关联度

注：指标数据系作者参考 1990—2019 年《中国统计年鉴》计算得到，"十三五"时期仅包括 2016—2019 年（下同）。

根据图 6.6 可知，1990—2019 年，北京、天津第一产业与水资源利用的关联度最高，第二产业次之，第三产业最低。北京第一产业、第二产业、第三产业与水资源利用的关联度均值分别为 0.982、0.904、0.716。天津第一产业、第二产业、第三产业与水资源利用的关联度均值分别为 0.947、0.805、0.720。"八五"—"十三五"时期，北京、天津三次产业与水资源利用的关联度变化趋势与京津冀整体趋同，均呈现逐渐递减趋势。北京第一产业、第二产业、第三产业与水资源利用的关联度均值分别从 0.997、0.991、0.982 降至 0.975、0.783、0.358。天津第一产业、第二产业、第三产业与水资源利用的关联度均值分别从 0.992、0.985、0.980 降至 0.904、0.616、0.303。北京三次产业与水资源利用的关联度高于天津。北京、天津第一产业对水资源利用存在强依赖性。北京、天津三次产业对水资源利用的依赖性逐渐减弱。

1990—2019年,河北第一产业与水资源利用的关联度最高,第三产业次之,第二产业最低。河北第一产业、第二产业、第三产业与水资源利用的关联度均值分别为0.830、0.697、0.694。"八五"—"十三五"时期,河北三次产业与水资源利用的关联度也呈现递减趋势。河北第一产业、第二产业、第三产业与水资源利用的关联度均值分别从0.978、0.960、0.963降至0.672、0.441、0.344。河北三次产业与水资源利用的关联度低于北京和天津。河北第一产业与水资源利用的关联度明显低于北京和天津,这与河北以小麦、玉米和薯类等耐旱作物为主的农业内部结构具有紧密关系。此外,与北京、天津不同的是,"八五"—"十三五"时期,河北第三产业与水资源利用的关联度均高于第二产业,仅"十三五"时期,河北第三产业与水资源利用的关联度低于第二产业。

6.3 京津冀经济发展的水资源利用需求预测

6.3.1 经济发展预测

(1) 地区GDP预测

根据1990—2019年京津冀各个地区的GDP,可得到京津冀GDP总量。依据京津冀GDP总量和各个地区的GDP,确定1990—2019年京津冀地区的GDP占比,见图6.7。

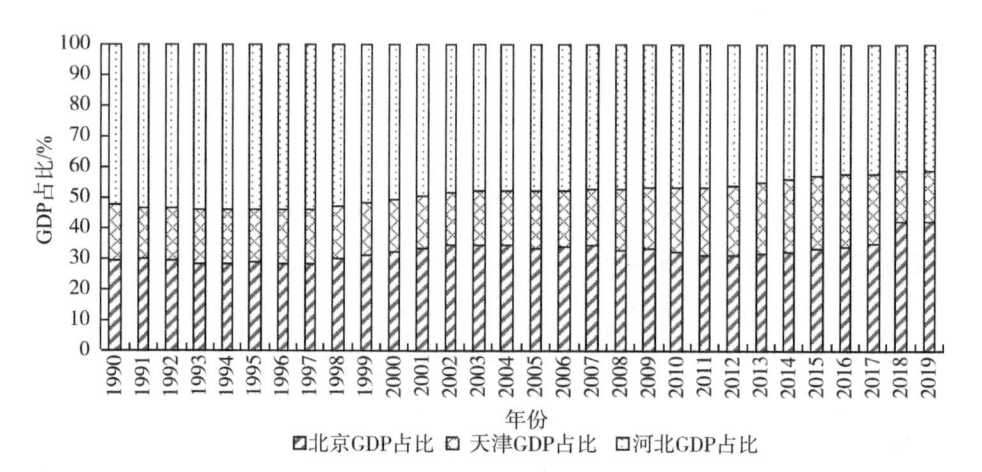

图6.7 1990—2019年京津冀地区GDP占比

根据图6.7,采用趋势外推法,预测2025—2035年京津冀地区的GDP占比,见表6.4。

表6.4 2025—2035年京津冀地区GDP占比　　　　　　　　　　单位:%

年份	北京GDP占比	天津GDP占比	河北GDP占比
2025	43.95	17.11	38.94
2030	45.35	17.24	37.41
2035	46.75	17.36	35.90

1990年京津冀GDP总量仅1 708.1亿元,2019年突破8万亿元,达到84 580.1亿元,但其GDP增长率持续下降。通过数据模拟,采用趋势外推法,预计2025年、2030年、2035年京津冀GDP总量将分别达到109 206亿元、133 756亿元、158 450亿元。根据表6.4,确定2025—2035年京津冀地区的GDP,见表6.5。

表6.5 2025—2035年京津冀地区GDP　　　　　　　　　　单位:亿元

年份	北京GDP	天津GDP	河北GDP
2025	51 611.73	20 092.89	45 723.18
2030	69 068.14	26 260.60	56 979.40
2035	90 269.29	33 515.93	69 324.15

(2)地区产业结构预测

依据1990—2019年京津冀地区产业发展的生产总值数据,确定1990—2019年京津冀地区的产业结构占比。采用趋势外推法,预测2025—2035年京津冀地区的产业结构占比,见图6.8。

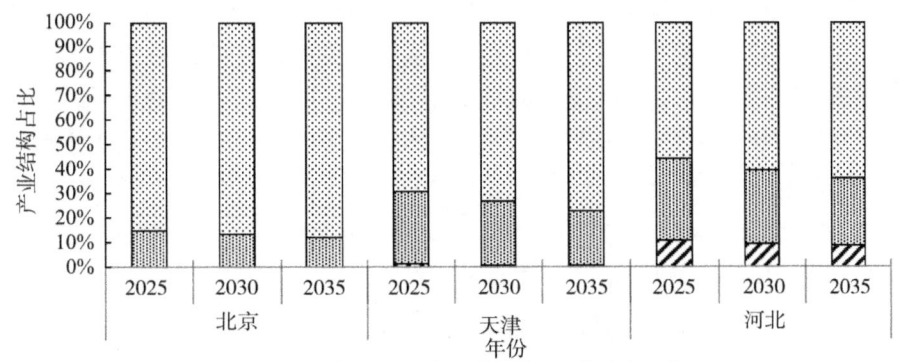

图6.8 2025—2035年京津冀地区的产业结构占比

6.3.2 经济发展用水需求预测

依据京津冀地区的产业发展用水效率,采用趋势外推法,预测得到2025—2035年京津冀地区的产业发展用水效率,见表6.6。

表6.6　2025—2035年京津冀地区产业发展用水效率　　单位:m³/万元

地区	年份	第一产业万元增加值用水量	第二产业万元增加值用水量	第三产业万元增加值用水量
北京	2025	192.28	4.00	2.53
北京	2030	125.20	2.84	2.02
北京	2035	81.52	2.02	1.65
天津	2025	412.27	9.36	1.61
天津	2030	341.66	7.83	1.29
天津	2035	283.15	6.55	1.07
河北	2025	221.35	12.43	3.28
河北	2030	168.49	11.15	2.76
河北	2035	128.25	10.01	2.44

根据表6.5和图6.8,在确定京津冀地区产业发展的生产总值基础上,根据京津冀地区产业发展的生产总值和用水效率,最终预测得到2025—2035年京津冀地区产业发展用水需求量。同时,针对京津冀地区第一产业(农业)用水需求量预测,一是根据北京农业高效节水方案以及城市总体规划,北京市农业要优化种植结构,严格用水限额管理,农业用水负增长;二是根据天津市水资源配置等相关报告,天津市农田有效灌溉面积将在未来较长一段时期内处于比较稳定的局面,同时适当调整农作物种植结构,发展节水灌溉农业;三是考虑到非首都功能疏解将在农业及耗水产业方面疏解到河北省,参考河北省节约用水和发展规划,河北耕地面积基本保持不变,考虑农业节水灌溉技术提高,地下水压采下种植结构调整等措施,同时考虑近几年林牧渔需水变化较为稳定,且整体处于增加趋势,确定农业需水量。因此,京津冀地区第一产业(农业)最高用水需求量和现状水平年保持不变。

针对京津冀地区第二产业(工业)用水需求量预测,一是依据北京市"十三五"规划和城市综合规划,北京市工业用水新水零增长,预计2025—2035年北京市第二产业(工业)最高用水需求量和现状年保持不变;二是对于天津和河北,工业在维持现有工业产业结构条件下,工业生产规模与节水水平同步提升,第二产业(工业)最高用水需求量和现状水平年基本保持一致。为此,将现状水平年

2019年京津冀地区第一产业、第二产业的用水量作为2025—2035年京津冀地区第一产业、第二产业的用水需求量上限,见表6.7。

表6.7 2025—2035年京津冀地区产业用水需求量　　　　单位:亿 m³

地区	年份	第一产业	第二产业	第三产业
北京	2025	[1.99,3.74]	[2.90,3.45]	[11.14,11.57]
北京	2030	[1.25,3.74]	[2.44,3.45]	[12.10,12.47]
北京	2035	[0.81,3.74]	[2.01,3.45]	[13.14,13.52]
天津	2025	[7.97,9.30]	[5.55,5.76]	[2.25,2.35]
天津	2030	[7.31,9.30]	[5.26,5.76]	[2.49,2.57]
天津	2035	[6.74,9.30]	[4.85,5.76]	[2.49,2.57]
河北	2025	[98.09,115.50]	[19.13,19.24]	[8.39,9.36]
河北	2030	[86.78,115.50]	[19.03,19.24]	[9.51,10.40]
河北	2035	[77.19,115.50]	[18.94,19.24]	[10.78,11.78]

6.4 结论

京津冀经济发展的水资源利用现状评价与需求预测研究表明,"八五"—"十三五"时期,京津冀地区的主导产业经历了"第一产业→第二产业→第三产业"的演变过程,京津冀水资源随着产业结构的调整在不同产业之间进行重新配置。京津冀地区用水总量呈现波动式下降趋势,工农业用水量快速下降,生活用水量快速上升,但生活用水量增长变化趋势为总体下降,京津冀地区工农业和生活用水效率持续提升。2025—2035年,北京市、天津市、河北省第三产业结构占比区间将分别达到85%～88%、69%～78%、55%～64%,产业结构优化升级加快,产业结构高级化水平提高。京津冀地区水资源优化的方向为:在保障粮食生产安全的前提下,适当减少第一产业和第二产业水资源利用,增加第三产业的水资源利用。即通过工农业节水技术等措施,优先控制第一产业用水量、严格控制第二产业用水量,合理增加第三产业用水,实现京津冀地区水资源综合产出效益的有效提升。

参考文献

[1] 邢霞,修长百,刘玉春. 黄河流域水资源利用效率与经济发展的耦合协调关系研究[J]. 软科学,2020,34(8):44-50.

[2] 翁士创,杨静.生态文明视野下加强中国水资源保护的几点认识[J].人民珠江,2017,38(12):41-44+65.

[3] Sun Y, Liu N, Shang J, et al. Sustainable utilization of water resources in China: A system dynamics model[J]. Journal of Cleaner Production, 2016, 142.

[4] Baccini P, Bader H P. Regionaler stoffhaushalt: erfassung, bewertung und steuerung [M]. Heidelberg: Spektrum Akademischer Verlag, 1996.

[5] Bossel H. Indicators for sustainable development: theory, method, applications [J]. 1999.

[6] Hellström D, Jeppsson U, Kärrman E. A framework for systems analysis of sustainable urban water management[J]. Environmental impact assessment review, 2000, 20(3): 311-321.

[7] Vieira V P P B. Water resources in Brazil and the sustainable development of the semi-arid north east[J]. International Journal of Water Resources Development, 1998, 14(2): 183-198.

[8] Ioris A A R, Hunter C, Walker S. The development and application of water management sustainability indicators in Brazil and Scotland[J]. Journal of environmental management, 2008, 88(4): 1190-1201.

[9] Katz D. Water use and economic growth: reconsidering the Environmental Kuznets Curve relationship[J]. Journal of Cleaner Production, 2015, 88: 205-213.

[10] Zhu H, Zhu J, Zou Q. Comprehensive Analysis of Coordination Relationship between Water Resources Environment and High-Quality Economic Development in Urban Agglomeration in the Middle Reaches of Yangtze River, 2020,12(5), 1301-1319.

[11] Higano Y, Sawada T. The dynamic policy to improve the water quality of lake Kasumigaura[J]. Studies in Regional Science,1997,26(1):75-86.

[12] Prodanovic P, Simonovic S P. An Operational Model for Support of Integrated Watershed Management[J]. Water Resources Management,2010,24(6):1161-1194.

[13] Kalbacher T, Delfs J, Shao H. The IWAS-Tool Box: Software coupling for an integrated water resources management[J]. Environmental Earth Sciences,2012,65(5): 1367-1380.

[14] Voisin N, Liu L, Hejazi M, et al. One-way coupling of an integrated assessment model and a water resources model: evaluation and implications of future changes over the US Midwest[J]. Hydrology and Earth System Sciences, 2013,17(11), 4555 – 4575.

[15] Guiu R, Pouget L, Termes M. Selecting an Efficient Adaptation Level to Uncertain Water Scarcity by Coupling Hydrological Modeling and Economic Valuation[J]. Water Economics and Policy, 2015,1(3):155.

[16] Ngorana S D, Xiong Z X, Presley K, et al. Signatures of water resources consumption

on sustainable economic growth in Sub-Saharan African countries[J]. International Journal of Sustainable Built Environment,2016,5(1):114-122.

[17] Dadmand F,Naji-Azimi Z,Farimani N M,et al. Sustainable allocation of water resources in water-scarcity conditions using robust fuzzy stochastic programming[J]. Journal of Cleaner Production,2020,276(10):123812.

[18] 李德一,张树文.黑龙江省水资源与社会经济发展协调度评价[J].干旱区资源与环境, 2010,24(4):8-11.

[19] 戴崇标,丛日凡,姜志群.淮河流域水资源可持续利用评价指标[J].水土保持应用技术,2010(4):20-22.

[20] 吴业鹏,袁汝华.丝绸之路经济带背景下新疆水资源与经济社会协调性评价[J].水资源保护,2016,32(4):60-66.

[21] 喻笑勇,张利平,陈心池,等.湖北省水资源与社会经济耦合协调发展分析[J].长江流域资源与环境,2018,27(4):809-817.

[22] 庞庆华,周未沫.基于DEA-Malmquist模型的用水效率综合评价研究[J].人民长江, 2020,51(9):90-95.

[23] 杨胜苏,张利国,喻玲,等.湖南省社会经济与水资源利用协调发展演化[J].经济地理, 2020,40(11):86-94.

[24] 万文华,尹骏翰,赵建世,等.南水北调条件下北京市供水可持续评价[J].南水北调与水利科技,2016,14(2):62-69.

[25] 关卓今,马志杰,黄丽华,等.北京地下水变化趋势模型及水资源利用平衡分析[J].中国水利,2016(3):29-31.

[26] 秦凌,杜鹏飞,郑钰.2049北京水资源利用发展趋势及供需平衡研究[J].北京规划建设, 2012(3):45-49.

[27] 孙红,米锋,田明华,等.北京市城市绿化用水的供需风险评估[J].水土保持通报,2014, 34(5):153-157.

[28] 刘江侠.北京市未来供水保障方案探讨[J].海河水利,2018(3):4-7.

[29] 沈映春,杨皓臣.可持续发展视角下的北京水资源承载力研究[J].北京社会科学,2010 (6):20-23.

[30] 余灏哲,李丽娟,李九一.基于量-质-域-流的京津冀水资源承载力综合评价[J].资源科学,2020,42(2):358-371.

[31] 吴丹,王弘跻,刘帅.北京市经济发展与水资源消耗利用关联性分析[J].中国集体经济, 2019(11):32-33.

[32] 吴丹,康雪.北京市经济发展与水资源消耗利用脱钩评价[J].中国集体经济,2019(14): 28-29.

[33] 吴丹,许贺艳.北京市经济发展用水的脱钩态势及其效率评价[J].科技和产业,2018,18 (11):33-38.

[34] Wu Dan, Xiang Xiaoqian. Research on Current Situation Evaluation and Demand Forecast of Water Resources Utilization in the Industrial Development of Beijing-Tianjin-Hebei Region[C]//7th International Conference on Economy, Management, Law and Education (EMLE 2021),2021:221-230.

第 7 章
京津冀经济发展与水资源利用脱钩评价研究

面对我国日益复杂的水问题,国家"十三五"规划强调,贯彻落实最严格水资源管理制度,强化水资源消耗利用总量和强度双控行动,助推供给侧结构性改革,推动我国经济社会发展的战略转型。《"十三五"水资源消耗总量和强度双控行动方案》提出,坚持双控与转变经济发展方式相结合原则,逐级建立用水总量和强度控制目标责任制。《国家节水行动方案》将"总量强度双控"作为重点行动之一,加快推进我国节水型社会建设。这些政策举措明确了以双控行动破解我国用水需求持续增长难题。京津冀地区是推动我国经济社会发展的重要引擎之一。强化京津冀地区双控行动,倒逼产业结构调整,提升用水强度,实现京津冀地区经济发展与水资源利用"脱钩",已成为京津冀政府管理部门和学者们高度关注的学术热点和研究领域。

7.1 文献综述

20世纪60年代,全球首次提出"经济发展与资源环境脱钩"热点问题[1]。并于20世纪末明确了"提高资源利用效率,降低资源投入占经济产出比重,实现资源消耗与经济增长脱钩,推进可持续发展"这一重要论断[2-3],从而打破"资源消耗"和"经济财富"之间的联系[4-5]。进入21世纪以来,水资源、能源消耗利用与经济增长脱钩问题引起了世界各国政府部门和学者们的广泛关注[6-10]。推进节水型社会建设,降低水资源消耗利用对经济发展的约束作用,实现绿色增长成为全球共识[9-10]。Kilimani等[11-12]学者提出,通过加强工业用水网络建设,从水资源流入端、流出端进行工业企业全过程技术创新,有效减少水资源消耗利用,以加快工业经济增长与水资源利用脱钩。目前,国内外经济发展与水资源消耗利用的脱钩研究逐渐趋于成熟,脱钩理论体系逐步完善,形成了经典的OECD脱钩判别框架[13];划分了脱钩、负脱钩和连结3种脱钩类型,并细分为8类脱钩态势[14];建立了Tapio脱钩模型、IPAT脱钩指数法、IGT方程模型法、弹性系数法、差分方程法、水足迹法等脱钩评价方法[13-18]。

现有文献和实践研究成果,为我国开展经济发展与水资源利用脱钩评价提供了宝贵经验。借鉴脱钩理论与国际经验,我国学者对国家和地区层面经济发展与水资源利用脱钩问题进行了深入探索,并取得了一批重要研究成果。梳理文献可知,经济发展与水资源利用脱钩同时受到经济发展、技术进步、水资源开发利用和水政策举措的影响,是人均GDP、人均综合用水量等经济社会发展指标达到一定水平的必然结果[19-21],主要表现为约束型与自由型两种脱钩模式[22],技术进步、经济需求结构、行业间需求结构等成为实现经济发展与水资源利用脱钩的主要驱动因素,其关键驱动力重点表现为节水型技术进步、产业结构优化、行业与整体用水效率提升[23-24]。不同行业生产用水的脱钩效应主要体现为真实节水效应、资源配置效应和结构调整与疏解效应[25]。目前,我国经济发展进程中工农业用水呈现较稳定的强脱钩状态,我国用水总量正逐步从弱脱钩阶段转变为强脱钩阶段[26-28]。在遵循国家经济社会发展规律前提下,通过贯彻落实最严格水资源管理制度、强化双控行动,2030年左右我国有望实现经济发展与水资源利用的绝对脱钩[22,24]。

在京津冀协同发展重大国家战略背景下,近两年京津冀地区经济发展与水资源利用脱钩问题逐渐引起学术界关注。从现有成果看,京津冀地区经济发展与水资源利用已由弱脱钩的初级协调阶段过渡到优质协调的发展阶段[29]。京津冀地区经济发展对工业用水的脱钩水平较高且脱钩状态稳定,技术效应成为推动京津冀地区工业用水脱钩的关键驱动力[30]。北京真实节水效应已到达瓶颈期,资源配置效应、结构调整和疏解效应对于脱钩效应的显著性较强[25]。梳理文献可知,目前京津冀经济发展与水资源利用脱钩评价存在一些不足[31]:①从研究方法看,现有成果主要依据经典的OECD脱钩判别框架,结合经济产值和用水总量两个指标,进行用水脱钩评价。但脱钩评价模式没有凸显双控行动的导向性作用。②从研究视角看,现有成果主要围绕2007—2016年京津冀地区用水总量脱钩,2001—2017年京津冀地区工业、1997—2012年北京农业与制造业的用水脱钩问题进行探索。但京津冀地区经济发展与行业用水脱钩的驱动机理不尽相同。综上,京津冀地区经济发展与水资源利用脱钩评价仍存在两个问题亟需进行补充性探索研究:一是如何辨识京津冀经济发展与水资源利用是否已存在脱钩关系,凸显京津冀用水脱钩的双控行动成效?二是如何明确京津冀经济发展与水资源利用脱钩的关键驱动因素,揭示京津冀经济发展与行业用水脱钩的内在机理?

为此,围绕京津冀地区及其行业的经济发展与水资源利用变化,首先,借鉴经典的 OECD 脱钩判别框架,将用水总量和强度控制同时纳入脱钩判别框架之中,结合人均产值、用水总量与用水强度三个指标,基于驱动力-压力-响应分析视角,构建双控行动下京津冀经济发展与水资源利用脱钩评价模式。并采用 Tapio 弹性系数法,动态评价不同规划期京津冀地区经济发展与水资源利用的脱钩态势,从而判别京津冀经济发展与水资源利用的脱钩关系,凸显京津冀用水脱钩的双控行动成效。其次,将用水总量、工农业和服务业等行业用水进行统筹考虑,采用完全分解模型,进行京津冀地区不同行业用水脱钩的驱动因素分解,明确京津冀经济发展与行业用水脱钩的关键驱动因素,揭示京津冀经济发展与行业用水脱钩的内在机理。最后,提出相应的对策建议,为京津冀政府管理部门加快实现京津冀地区经济发展与水资源利用脱钩提供决策支撑。

7.2 研究方法设计

本章构建的京津冀经济发展与水资源利用脱钩评价方法主要由脱钩评价模式及其驱动因素分解模型两部分内容组成。其中,通过京津冀经济发展与水资源利用脱钩评价模式的设计,辨识京津冀地区及行业经济发展与水资源利用之间的脱钩关系,凸显京津冀地区及行业用水的双控行动成效。通过京津冀经济发展用水脱钩驱动因素分解模型的构建,明确京津冀经济发展与水资源利用脱钩的关键驱动因素,揭示京津冀经济发展与行业用水脱钩的内在机理。

7.2.1 经济发展与水资源利用脱钩评价模式

借鉴 OECD 构建的脱钩判别框架[4],将京津冀地区的人均产值、用水总量、用水强度分别作为驱动力指标、压力状态指标、响应状态指标,基于驱动力-压力-响应分析视角,构建双控行动下经济发展与水资源利用脱钩评价模式,确定京津冀地区经济发展与水资源利用的脱钩弹性系数,判别京津冀地区经济发展与水资源利用的脱钩态势(见表 7.1)。

表 7.1 双控行动下经济发展与水资源利用脱钩评价模式

脱钩评价指标变化			脱钩弹性系数	脱钩态势判别
人均产值变化	用水总量控制变化	用水强度控制变化		
增长	减少	提高	<0	强脱钩
增长	增加	提高	(0,0.8)	弱脱钩
减少	减少	提高	>1.2	衰退性脱钩
减少	增加	降低	<0	强负脱钩
减少	减少	降低	(0,0.8)	弱负脱钩
增长	增加	降低	>1.2	扩张性负脱钩
增长	增加	—	(0.8,1.2)	增长连结
减少	减少	—	(0.8,1.2)	衰退性连结

表 7.1 中，采用 Tapio 弹性系数法，确定京津冀地区行业经济发展与水资源利用的脱钩弹性系数，可用公式表示为

$$\begin{cases} T_i^{t_1} = \dfrac{\Delta W_i^{t_1}/W_i^{t_0}}{\Delta G_i^{t_1}/G_i^{t_0}} \\ T_{ij}^{t_1} = \dfrac{\Delta W_{ij}^{t_1}/W_{ij}^{t_0}}{\Delta G_{ij}^{t_1}/G_{ij}^{t_0}} \end{cases} \tag{7.1}$$

式(7.1)中，$T_i^{t_1}$ 表示第 t_1 时期京津冀第 i 地区经济发展与水资源利用的脱钩弹性系数($i=1,2,3,4$ 分别代表北京、天津、河北和京津冀整体)。其中，$\Delta W_i^{t_1}$ 表示第 t_1 时期相对于第 t_0 时期京津冀第 i 地区的用水总量增长变化；$W_i^{t_0}$ 表示第 t_0 时期京津冀第 i 地区的用水总量；$\Delta G_i^{t_1}$ 表示第 t_1 时期相对于第 t_0 时期京津冀第 i 地区的经济产值变化；$G_i^{t_0}$ 表示第 t_0 时期京津冀第 i 地区的经济总产值。$T_{ij}^{t_1}$ 表示第 t_1 时期京津冀第 i 地区第 j 行业经济发展与水资源利用的脱钩弹性系数($j=1,2,3$ 分别代表农业、工业和服务业，本文不考虑生态用水变化)。其中，$\Delta W_{ij}^{t_1}$ 表示第 t_1 时期相对于第 t_0 时期京津冀第 i 地区第 j 行业的用水量增长变化；$W_{ij}^{t_0}$ 表示第 t_0 时期京津冀第 i 地区第 j 行业的用水量；$\Delta G_{ij}^{t_1}$ 表示第 t_1 时期相对于第 t_0 时期京津冀第 i 地区第 j 行业的经济增加值变化；$G_{ij}^{t_0}$ 表示第 t_0 时期京津冀第 i 地区第 j 行业的经济增加值。

7.2.2 经济发展与水资源利用脱钩的驱动因素分解模型

在构建双控行动下经济发展与水资源利用脱钩评价模式基础上，对京津冀

地区第 t_1 时期第 i 地区的用水总量增长变化进行行业分解,可用公式表示为

$$\Delta W_i^{t_1} = \sum_{j=1}^{3} \Delta W_{ij}^{t_1} = \sum_{j=1}^{3} (W_{ij}^{t_1} - W_{ij}^{t_0})$$

$$= \sum_{j=1}^{3} \left(G_i^{t_1} \cdot \frac{G_{ij}^{t_1}}{G_i^{t_1}} \cdot WG_{ij}^{t_1} - G_i^{t_0} \cdot \frac{G_{ij}^{t_0}}{G_i^{t_0}} \cdot WG_{ij}^{t_0} \right) \quad (7.2)$$

式(7.2)中,$\Delta W_i^{t_1}$ 表示第 t_1 时期相对于第 t_0 时期京津冀第 i 地区的用水总量增长变化;$\Delta W_{ij}^{t_1}$ 表示第 t_1 时期相对于第 t_0 时期京津冀第 i 地区第 j 行业的用水量增长变化;$W_{ij}^{t_1}$、$W_{ij}^{t_0}$ 分别表示第 t_1 时期、第 t_0 时期京津冀第 i 地区第 j 行业的用水量;$G_i^{t_1}$、$G_i^{t_0}$ 分别表示第 t_1 时期、第 t_0 时期京津冀第 i 地区的经济总产值;$G_{ij}^{t_1}$、$G_{ij}^{t_0}$ 分别表示第 t_1 时期、第 t_0 时期京津冀第 i 地区第 j 行业的经济增加值;$\frac{G_{ij}^{t_1}}{G_i^{t_1}}$、$\frac{G_{ij}^{t_0}}{G_i^{t_0}}$ 分别表示第 t_1 时期、第 t_0 时期京津冀第 i 地区第 j 行业的经济增加值占经济总产值的比重(即行业结构占比);$WG_{ij}^{t_1}$、$WG_{ij}^{t_0}$ 分别表示第 t_1 时期、第 t_0 时期京津冀第 i 地区第 j 行业的万元增加值用水量(即用水强度)。

根据式(7.2)可知,京津冀地区不同行业的用水量变化主要受到行业经济增加值、行业结构与用水强度的变化影响。即京津冀地区不同行业用水脱钩的驱动因素可分解为结构调整效应、技术进步效应。为此,确定京津冀第 i 地区第 j 行业用水脱钩的结构调整效应、技术进步效应,可用公式表示为

$$\Delta W_{ij}^{t_1} = \Delta W_{ijs}^{t_1} + \Delta W_{ije}^{t_1}$$

$$\begin{cases} \Delta W_{ijs}^{t_1} = WG_{ij}^{t_0} \left(G_i^{t_1} \cdot \frac{G_{ij}^{t_1}}{G_i^{t_1}} - G_i^{t_0} \cdot \frac{G_{ij}^{t_0}}{G_i^{t_0}} \right) + \frac{1}{2}(WG_{ij}^{t_1} - WG_{ij}^{t_0}) \left(G_i^{t_1} \cdot \frac{G_{ij}^{t_1}}{G_i^{t_1}} - G_i^{t_0} \cdot \frac{G_{ij}^{t_0}}{G_i^{t_0}} \right) \\ \Delta W_{ije}^{t_1} = G_i^{t_0} \cdot \frac{G_{ij}^{t_0}}{G_i^{t_0}}(WG_{ij}^{t_1} - WG_{ij}^{t_0}) + \frac{1}{2}(WG_{ij}^{t_1} - WG_{ij}^{t_0}) \left(G_i^{t_1} \cdot \frac{G_{ij}^{t_1}}{G_i^{t_1}} - G_i^{t_0} \cdot \frac{G_{ij}^{t_0}}{G_i^{t_0}} \right) \end{cases}$$

(7.3)

式(7.3)中,$\Delta W_{ijs}^{t_1}$ 表示第 t_1 时期相对于第 t_0 时期京津冀第 i 地区第 j 行业用水量变化的结构调整效应,即行业转型升级引起经济结构调整导致的用水量变化;$\Delta W_{ije}^{t_1}$ 表示第 t_1 时期相对于第 t_0 时期京津冀第 i 地区第 j 行业用水量变化的技术进步效应,即行业技术进步引起用水强度变化导致的用水量变化。

综上,技术进步效应和结构调整效应是保障实现京津冀经济发展与水资源利用脱钩的主要驱动因素。根据表7.1和式(7.1)~式(7.3),动态对比评价不同时期京津冀地区经济发展与行业用水脱钩态势,揭示京津冀地区经济发展与

行业用水脱钩的内在机理。

7.3 实证研究

本书中京津冀地区人口、生产总值数据主要来源于《中国统计年鉴》《北京统计年鉴》《天津统计年鉴》《河北统计年鉴》,京津冀地区用水数据主要来源于《中国水利统计年鉴》《中国水资源公报》《北京市水资源公报》《天津市水资源公报》《河北省水资源公报》。

7.3.1 京津冀经济发展与水资源利用的脱钩态势评价

根据表7.1和式(7.1),明晰京津冀地区经济结构变迁与双控行动成效、京津冀地区行业用水结构变迁与双控行动成效,确定京津冀地区行业的经济发展与水资源利用的脱钩弹性系数,评价京津冀地区行业的经济发展与水资源利用的脱钩态势。

(1) 地区经济发展与水资源利用脱钩态势评价

"八五"—"十三五"时期,伴随中国城镇化与工业化进程加速,京津冀地区加快经济结构调整与转型升级,工农业结构占比持续快速下降,服务业结构占比持续快速上升(见图7.1)。北京经济发展已进入后工业化时期,以服务业为主。其中农业、工业结构占比均值分别从6.28%、38.75%降至0.45%、15.22%,服务业结构占比均值从47.16%升至80.59%。天津经济发展已进入工业化后期,

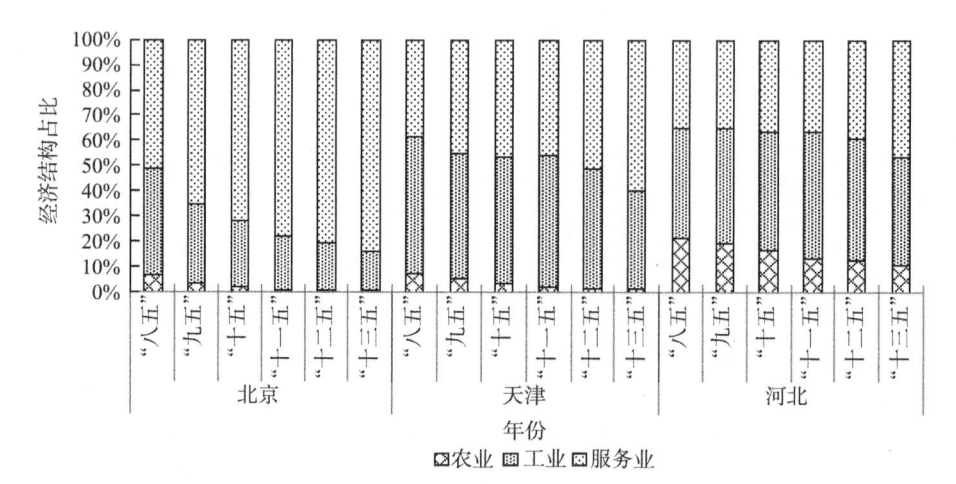

注:十三五主要指"十三五"前半段,即2016—2018年。

图7.1 "八五"—"十三五"时期京津冀地区经济结构变化

服务业逐渐成为主导产业,但工业结构占比仍较高。其中农业、工业结构占比均值分别从7.07%、51.44%降至1.04%、37.36%,服务业结构占比均值从36.20%升至57.74%。河北经济发展仍处于工业化中期,至"十三五"时期,服务业结构占比均值超过工业,工业和服务业并重发展。其中农业、工业结构占比均值分别从20.57%、41.39%降至10.28%、40.08%,服务业结构占比均值从32.94%升至43.98%。

结合表7.1和式(7.1),评价不同时期京津冀地区经济发展与水资源利用脱钩态势,见表7.2。根据表7.2可知:

表7.2 不同规划期京津冀地区经济发展与水资源利用脱钩态势

地区	时期	人均GDP年均增长率/%	用水总量增长变化/亿m³	用水强度变化指数	脱钩弹性系数	脱钩态势
北京	"八五"	21.18	3.76	0.36	0.05	弱脱钩
	"九五"	13.98	−4.48	0.43	−0.09	强脱钩
	"十五"	14.35	−5.90	0.39	−0.12	
	"十一五"	9.68	0.70	0.50	0.02	弱脱钩
	"十二五"	8.06	3.00	0.67	0.14	
	"十三五"	14.56	1.10	0.78	0.09	
天津	"八五"	23.75	1.17	0.35	0.03	弱脱钩
	"九五"	10.29	0.37	0.56	0.02	
	"十五"	17.11	0.45	0.44	0.02	
	"十一五"	13.65	−0.60	0.41	−0.12	强脱钩
	"十二五"	8.53	3.21	0.64	0.18	弱脱钩
	"十三五"	7.12	2.72	0.97	0.77	
河北	"八五"	24.92	2.80	0.32	0.01	弱脱钩
	"九五"	11.06	4.36	0.58	0.03	
	"十五"	14.34	−10.38	0.48	−0.05	强脱钩
	"十一五"	14.17	−8.10	0.47	−0.04	
	"十二五"	7.20	−6.48	0.66	−0.07	
	"十三五"	7.11	−4.78	0.81	−0.12	

续表

地区	时期	脱钩评价指标变化			脱钩弹性系数	脱钩态势
^	^	人均 GDP 年均增长率/%	用水总量增长变化/亿 m³	用水强度变化指数	^	^
京津冀	"八五"	23.96	7.73	0.33	0.01	弱脱钩
^	"九五"	12.03	0.25	0.53	0.001	^
^	"十五"	15.28	−15.83	0.45	−0.05	强脱钩
^	"十一五"	13.56	−8.00	0.46	−0.03	^
^	"十二五"	8.27	−0.27	0.63	−0.002	^
^	"十三五"	9.59	−0.96	0.81	−0.02	^

注:"十三五"主要指"十三五"时期前半段,即 2016—2018 年。

①从脱钩评价指标变化看,"八五"—"十三五"时期,首先,京津冀地区人均 GDP 年均增长率总体呈现下降态势,从高速发展逐步转向高质量发展。其次,京津地区与河北用水总量增长变化的差异性较大,京津地区呈现"先减后增"趋势、河北呈现"先增后减"趋势。其中,北京用水总量增长总体趋于下降,从 3.76 亿 m³ 降至 1.10 亿 m³;天津用水总量增长总体趋于上升,从 1.17 亿 m³ 升至 2.72 亿 m³;而河北从"十五"时期开始实现用水负增长。再者,京津冀地区用水强度变化指数始终小于 1,"八五"—"十一五"时期,用水效率快速提升。但从"十二五"时期开始,用水强度变化指数趋于扩大,用水效率提升较慢。

②"八五"—"十三五"时期,京津冀地区经济发展与水资源利用的脱钩弹性系数与脱钩态势表现较大差异性。首先,从脱钩弹性系数来看,京津地区呈现"先缩小、后扩大"的趋势,而河北呈现"先扩大、后缩小"的趋势。其中,北京总体略有扩大,天津总体明显扩大,河北从"十五"时期开始缩小为负值。其次,从脱钩态势来看,京津地区呈现"弱脱钩—强脱钩—弱脱钩"交替变化态势,河北呈现由"弱脱钩"向"强脱钩"转变态势。其中,北京除"九五"—"十五"时期,呈现较稳定的"弱脱钩"态势;天津除"十一五"时期,呈现稳定的"弱脱钩"态势;河北自"十五"时期开始呈现长期稳定的"强脱钩"态势。总体来看,京津地区经济发展与水资源利用仍处于"弱脱钩"态势,而河北处于"强脱钩"态势。

③受京津冀三地用水的叠加作用影响,"九五"时期京津冀整体经济发展与水资源利用正处于由"弱脱钩"向"强脱钩"态势转变,脱钩弹性系数趋于零,仅为 0.001。自"十五"时期开始,京津冀整体经济发展与水资源利用呈现长期稳定的

"强脱钩"态势,进入"经济发展正向增长、用水总量有效控制、用水效率持续提升"的理想状态。

(2) 行业经济发展与水资源利用脱钩态势评价

根据表 7.1 和式(7.1),"八五"—"十三五"时期,京津冀地区行业经济发展与水资源利用脱钩态势,见表 7.3。根据表 7.3 可知:

① 从行业用水结构调整看,"八五"—"十三五"时期,京津冀地区工农业用水结构占比持续下降,服务业用水结构占比持续上升,但各地区行业用水结构存在显著差异。至"十三五"时期,北京农业、工业、服务业用水结构占比均值的变化幅度分别表现为下降 34.32%、下降 22.09%、上升 24.80%,从农业用水结构占比均值最大(47.34%)转变为服务业用水结构占比均值最大(46.34%)。天津农业、工业、服务业用水结构占比均值的变化分别表现为下降 9.25%、下降 12.05%、上升 3.44%,农业用水结构占比均值仍最大,仅从 48.66% 降至 39.41%。但从"十一五"时期开始,服务业已逐渐超过工业的用水结构占比均值。河北农业、工业、服务业用水结构占比均值的变化分别为下降 12.36%、下降 1.79%、上升 8.95%,农业用水结构占比均值仍最大,仅从 81.00% 降至 68.64%。但至"十三五"时期,河北服务业已超过工业的用水结构占比均值。

② 从行业用水双控行动成效看,"八五"—"十三五"时期,首先,北京工农业用水均为负增长(仅"八五"时期工业用水为正增长),服务业用水量增长变化趋势为总体下降,从 4.73 亿 m^3 降至 0.90 亿 m^3。天津农业用水量增长变化趋势为波动式下降,逐渐实现负增长,工业、服务业用水量增长变化趋势为波动式上升,分别从 0.80 亿 m^3、0.25 亿 m^3 升至 0.13 亿 m^3、2.52 亿 m^3。河北工农业用水总体为负增长,服务业用水量增长变化趋势为总体下降,从"八五"时期的 10.50 亿 m^3 降至"十一五"时期的 0.30 m^3,至"十三五"时期升至 3.35 亿 m^3。其次,京津冀地区农业、工业、服务业的用水强度变化指数始终小于 1,用水效率持续提升(仅"十三五"时期天津工业、服务业用水强度变化指数大于 1,用水效率未得到有效提升),但提升空间逐步缩小。其中北京工业用水效率提升最快,天津服务业用水效率提升最快,河北工业用水效率提升最快。北京比津冀地区的工业用水效率提升快,天津比京冀地区的服务业用水效率提升快,河北比京津地区的农业用水效率提升快。

③ 从行业用水脱钩态势看,首先,"九五"—"十二五"时期,北京工农业用水的脱钩弹性系数为负值,呈现稳定的"强脱钩"态势。至"十三五"时期,北京工业

表7.3 "八五"—"十三五"时期京津冀地区行业经济发展与水资源利用脱钩态势

行业	时期	用水结构占比均值/%			脱钩评价指标变化							脱钩弹性系数			脱钩态势		
					用水量增长变化/亿 m³			用水强度变化指数								
		北京	天津	河北	北京	天津	河北	北京	天津	河北	北京	天津	河北	北京	天津	河北
农业	"八五"	47.34	48.66	81.00	−2.41	0.12	−14.24	0.53	0.45	0.33	−0.16	0.01	−0.05			强脱钩
	"九五"	44.15	54.88	77.23	−2.84	1.60	1.73	0.79	0.95	0.77	−1.88	0.72	0.04		弱脱钩	弱脱钩
	"十五"	40.13	54.71	75.42	−3.82	1.51	−11.52	0.69	0.74	0.55	−1.95	0.24	−0.10	强脱钩		强脱钩
	"十一五"	32.80	55.92	74.32	−1.84	−2.62	−6.45	0.61	0.62	0.52	−0.36	−0.65	−0.05		强脱钩	强脱钩
	"十二五"	23.57	50.00	72.25	−4.43	1.53	−8.47	0.52	0.79	0.67	−2.79	0.31	−0.15		弱脱钩	强脱钩
	"十三五"	13.02	39.41	68.64	−2.20	−2.50	−14.22	0.77	0.95	0.91	2.28	1.25	6.60	衰退性脱钩	衰退性脱钩	衰退性脱钩
工业	"八五"	31.11	31.82	13.00	1.44	0.80	6.54	0.46	0.40	0.40	0.08	0.07	0.13	弱脱钩	弱脱钩	弱脱钩
	"九五"	26.90	24.78	13.48	−3.26	−2.05	−1.75	0.48	0.43	0.49	−0.39	−0.41	−0.07		强脱钩	
	"十五"	21.81	22.52	12.84	−3.72	−0.83	−1.68	0.32	0.34	0.44	−0.35	−0.10	−0.05			
	"十一五"	15.69	18.88	12.45	−1.74	0.32	−2.60	0.46	0.48	0.44	−0.41	0.06	−0.10	强脱钩	弱脱钩	强脱钩
	"十二五"	13.03	21.83	12.79	−1.26	0.47	−0.56	0.56	0.69	0.74	−0.73	0.17	−0.08			
	"十三五"	9.02	19.77	11.21	−0.50	0.13	−3.42	0.72	1.03	0.78	−0.65	−8.59	−1.79		强负脱钩	

续表

| 行业 | 时期 | 用水结构占比均值/% ||| 脱钩评价指标变化 |||||||| 脱钩弹性系数 ||| 脱钩态势 |||
| | | 北京 | 天津 | 河北 | 用水量增长变化/亿 m³ ||| 用水强度变化指数 ||| 北京 | 天津 | 河北 | 北京 | 天津 | 河北 |
					北京	天津	河北	北京	天津	河北						
服务业	"八五"	21.54	19.52	5.80	4.73	0.25	10.50	0.41	0.31	0.72	0.22	0.02	0.59		弱脱钩	
	"九五"	28.95	21.23	9.29	1.62	0.82	4.38	0.44	0.55	0.65	0.09	0.16	0.26		强脱钩	
	"十五"	35.70	21.76	11.29	0.54	−0.68	0.60	0.44	0.40	0.52	0.03	−0.11	0.03	弱脱钩	弱脱钩	弱脱钩
	"十一五"	42.87	21.74	12.01	1.37	0.94	0.30	0.50	0.47	0.47	0.08	0.13	0.01		弱脱钩	
	"十二五"	45.13	21.21	12.64	2.20	−0.58	0.42	0.66	0.44	0.61	0.20	−0.10	0.03		强脱钩	
	"十三五"	46.34	22.96	14.75	0.90	2.52	3.35	0.78	1.18	0.82	0.15	1.84	0.35		扩张性负脱钩	

注："十三五"主要指"十三五"时期前半段,即 2016—2018 年。

用水维持"强脱钩"态势。由于农业增加值下降,农业用水呈现"衰退性脱钩"态势。"八五"—"十三五"时期,北京服务业用水的脱钩弹性系数总体下降,但始终呈现"弱脱钩"态势。其次,"八五"—"十二五"时期,天津工农业用水的脱钩弹性系数正、负值交替出现,均呈现"弱脱钩—强脱钩—弱脱钩"变化态势。同时,天津服务业用水的脱钩弹性系数正、负值交替出现,呈现"弱脱钩—强脱钩"交替变化态势。至"十三五"时期,由于工农业增加值下降,农业用水呈现"衰退性脱钩"态势。同时,由于工业、服务业用水强度变化指数大于1,工业、服务业用水分别呈现"强负脱钩""扩张性负脱钩"态势。再者,"八五"—"十二五"时期,河北工农业用水的脱钩弹性系数总体为负值,呈现较稳定的"强脱钩"态势。至"十三五"时期,由于农业增加值下降,农业用水呈现"衰退性脱钩"态势,但工业用水保持"强脱钩"态势。"八五"—"十三五"时期,河北服务业用水的脱钩弹性系数总体下降,始终呈现"弱脱钩"态势。

综上,根据表7.2和表7.3可知,河北对京津冀整体用水"强脱钩"的影响显著,北京服务业对北京用水"强脱钩"的影响显著,津冀地区工农业对津冀地区用水"强脱钩"的影响显著。

7.3.2 京津冀行业用水脱钩的驱动因素分解与驱动机理分析

根据式(7.2)和式(7.3),测算京津冀行业用水量变化的结构调整效应、技术进步效应,明确京津冀行业用水脱钩的关键驱动因素,揭示京津冀地区经济发展与行业用水脱钩的内在机理。"八五"—"十三五"时期,京津冀行业用水脱钩的驱动因素分解,见表7.4。

表7.4 "八五"—"十三五"时期京津冀行业用水脱钩的驱动因素分解

行业	时期	北京 结构调整效应	北京 技术进步效应	天津 结构调整效应	天津 技术进步效应	河北 结构调整效应	河北 技术进步效应
农业	"八五"	11.23	−13.64	9.23	−9.11	205.37	−219.61
农业	"九五"	1.35	−4.19	2.17	−0.57	43.43	−41.70
农业	"十五"	1.65	−5.47	5.51	−4.00	87.31	−98.83
农业	"十一五"	4.10	−5.94	3.26	−5.88	95.00	−101.45
农业	"十二五"	1.20	−5.63	4.37	−2.84	47.70	−56.17
农业	"十三五"	−0.86	−1.34	−1.94	−0.55	−2.06	−12.16

续表

行业	时期	北京 结构调整效应	北京 技术进步效应	天津 结构调整效应	天津 技术进步效应	河北 结构调整效应	河北 技术进步效应
工业	"八五"	12.71	−11.27	8.40	−7.60	35.41	−28.87
工业	"九五"	6.10	−9.36	3.59	−5.64	19.82	−21.57
工业	"十五"	7.10	−10.82	5.33	−6.16	22.36	−24.04
工业	"十一五"	3.07	−4.81	4.17	−3.85	19.08	−21.68
工业	"十二五"	1.35	−2.61	2.38	−1.91	6.44	−7.00
工业	"十三五"	0.66	−1.16	−0.02	0.15	1.70	−5.12
服务业	"八五"	15.18	−10.45	6.64	−6.39	15.39	−4.88
服务业	"九五"	13.53	−11.91	3.97	−3.15	13.93	−9.55
服务业	"十五"	13.19	−12.65	4.28	−4.96	16.88	−16.28
服务业	"十一五"	12.39	−11.02	5.20	−4.26	19.78	−19.48
服务业	"十二五"	9.27	−7.07	4.08	−4.66	13.12	−12.70
服务业	"十三五"	5.30	−4.40	1.49	1.03	8.62	−5.27

注："十三五"主要指"十三五"时期前半段，即2016—2018年。

（1）北京行业用水脱钩的驱动因素分解与驱动机理分析

根据表7.4可知：

①"九五"—"十二五"时期，北京工农业用水的技术进步效应显著，是实现北京工农业用水脱钩的关键驱动因素。至"十三五"时期，北京工业用水的技术进步效应显著，仍是实现北京工业用水脱钩的关键驱动因素。同时，北京农业用水的结构调整效应、技术进步效应均显著，共同成为实现北京农业用水脱钩的关键驱动因素。

②"八五"—"十三五"时期，北京服务业用水的技术进步效应显著，但北京服务业用水的技术进步效应绝对值仍低于其结构调整效应，尚未实现北京服务业用水脱钩。

综上，北京行业结构转型升级、强化双控行动的成效显著。虽然工农业用水的技术进步效应显著，成为加速工农业发展与用水脱钩的主要驱动力，但服务业用水的结构调整效应仍未发挥显著作用，北京尚未完全达到用水顶峰和用水增量"拐点"，北京经济发展与水资源利用总体为"弱脱钩"态势。

(2) 天津行业用水脱钩的驱动因素分解与驱动机理分析

根据表 7.4 可知：

①"八五"—"十二五"时期，天津农业用水的技术进步效应显著，但除了"十一五"时期，天津农业用水的技术进步效应绝对值仍低于其结构调整效应，尚未实现天津农业用水脱钩。至"十三五"时期，天津农业用水的结构调整效应、技术进步效应均显著，共同成为实现天津农业用水脱钩的关键驱动因素。

②"八五"—"十二五"时期，天津工业用水的技术进步效应显著，但除了"九五"和"十五"时期，天津工业用水的技术进步效应绝对值仍低于其结构调整效应，尚未实现天津工业用水脱钩。至"十三五"时期，天津工业用水的结构调整效应显著，但技术进步效应不显著，致使工业用水未实现脱钩。

③"八五"—"十二五"时期，天津服务业用水的技术进步效应显著，但除了"十五"和"十二五"时期，天津服务业用水的技术进步效应绝对值仍低于其结构调整效应，尚未实现天津服务业用水脱钩。至"十三五"时期，天津服务业用水的结构调整效应、技术进步效应均不显著，致使服务业用水未实现脱钩。

综上，天津行业结构转型升级、强化双控行动的成效不明显。虽然工业、服务业用水的技术进步效应显著，但尚未实现工业、服务业用水脱钩。同时，至"十三五"时期，工农业用水的结构调整效应开始发挥作用，但服务业用水的结构调整效应仍未发挥显著作用。受不同行业用水的叠加作用影响，天津仍未达到用水顶峰和用水增量"拐点"，天津经济发展与水资源利用呈现较稳定的"弱脱钩"态势。

(3) 河北行业用水脱钩的驱动因素分解与驱动机理分析

根据表 7.4 可知：

①"八五"—"十二五"时期，河北工农业用水的技术进步效应显著，是实现河北工农业用水脱钩的关键驱动因素。其中仅"九五"时期，河北农业用水的技术进步效应绝对值低于其结构调整效应，未实现河北农业用水脱钩。至"十三五"时期，河北工业用水的技术进步效应显著，仍是实现河北工业用水脱钩的关键驱动因素。同时，河北农业用水的结构调整效应、技术进步效应均显著，共同成为实现河北农业用水脱钩的关键驱动因素。

②"八五"—"十三五"时期，河北服务业用水的技术进步效应显著，但河北服务业用水的技术进步效应绝对值仍低于其结构调整效应，尚未实现河北服务业用水脱钩。

综上，河北工农业结构转型升级、强化双控行动的成效显著。河北工农业用水的技术进步效应显著，成为加速工农业发展与用水脱钩的主要驱动力。但河北服务业用水的结构调整效应仍未发挥显著作用,服务业用水仍未达到用水顶峰和用水增量"拐点"。在严控工农业用水的导向作用下,河北经济发展与水资源利用呈现稳定的"强脱钩"态势。

总体来看,自"九五"时期开始,随着京津冀地区地方政府加大节水减污政策力度,工业企业加快改进生产工艺,提升用水效率,京冀地区工业用水量得到控制。其中,北京工业结构最优,低耗水、低污染、高附加值的工业行业占据主体地位。相对于天津和河北,北京节水减污政策的制定标准高、监管措施严、落实力度大,有效激励了北京工业企业加速节水型技术进步,提升了北京工业用水强度。尽管河北工业结构相对落后,高耗水、高污染、低附加值的工业行业占比较大,但河北积极推广各类节水技术,提升工业用水强度。而天津工业用水仍维持低速增长,说明天津工业节水理念尚未得到严格落实,在节水减污政策制定实施过程中注重短期目标,不利于增强节水减污目标落实的长效性。面临经济下行压力,天津仍存在以提高水资源消耗利用量为代价、稳定经济增长的现象。但作为"非首都功能疏解"的主要载体,以及我国主要工业城市和航运中心的功能定位,天津工业经济地位持续上升,对实现天津工业经济发展与水资源利用强脱钩起到一定约束性。因此,天津亟需提高工业用水强度,提升工业用水的技术进步效应,加快推动天津工业经济发展与水资源利用脱钩。此外,京津冀地区亟需通过提升水利科技创新能力,提高服务业用水强度,并加速服务业结构转型升级,共同发挥结构调整效应、技术进步效应对服务业用水脱钩的驱动作用,保障实现京津冀地区服务业经济发展与用水脱钩。

7.4 结论

本章构建了双控行动下京津冀经济发展与水资源利用脱钩评价模式,动态评价了不同规划期京津冀地区经济发展与水资源利用的脱钩态势。通过京津冀地区不同行业用水脱钩的驱动因素分解,揭示京津冀地区经济发展与行业用水脱钩的内在机理。本章提出的京津冀经济发展与水资源利用脱钩评价方法重点强调针对不同规划期京津冀地区经济发展与水资源利用的脱钩态势进行测算,主要是考虑到京津冀地区各规划期内不同年份之间用水增长的波动性不明显,因而逐年计算得到的经济发展与用水脱钩态势就不具备较强的显著性,且无法突出京津冀地区用水总量与强度双控行动成效。为此,通过对不同规划期京津冀经济发展与用水脱钩态势进行测算,可充分体现用水总量与强度的显著变化,得到的脱钩状态判别结果更突出双控行动成效,更具有实践意义。

研究表明,与我国主要城市群相比,京津冀地区经济发展与行业用水受区位要素、水资源禀赋约束和相关政府政策影响较大,京津冀地区水资源禀赋与行业用水结构具有显著的空间异质性,工业仍是天津和河北经济社会发展的主要驱动力。京津冀地区经济发展与水资源利用实现脱钩的主要短板在于结构调整效应不显著。随着京津冀地区行业结构调整与转型升级,京津冀地区行业用水的结构调整效应正逐渐与技术进步效应一起发挥显著作用,加快实现京津冀地区经济发展与水资源利用脱钩。至"十三五"时期,京津冀地区农业用水的结构调整效应开始发挥显著作用,与技术进步效应均实现负增长,成为加快推动京津冀地区农业发展与水资源利用脱钩的驱动力。

为实现京津冀地区经济发展与水资源利用脱钩,必须贯彻落实绿色发展理念,加快制定水利绿色发展规划,加大政府管理部门对水资源环境考核或节水减污、水资源保护政策的实施力度。并打破行政壁垒,加速推进节水型技术在不同行政区间流动,强化技术进步效应的导向作用。在严控京津冀地区农业用水零增长的前提下,加大津冀地区工业结构调整力度,提高天津工业用水强度,提升天津工业用水的技术进步效应。同时,因地制宜强化服务业转型升级与双控行动政策的导向作用,优化服务业结构,提升水利科技创新能力,提高服务业用水强度,共同发挥结构调整效应、技术进步效应对服务业用水脱钩的驱动作用。

参考文献

[1] Carter A P. The economics of technological change[J]. Scientific American, 1966, 214: 25-31.

[2] FRIEDRICH S B, RAINER K. Wieviel umwelt raucht der mensch? mips-das mass fuer oekologisches wirtschaften[M]. Basel, Boston; Berlin, 1993.

[3] WEIZSÄCKER E U V, LOVINS A B, LOVINS L H, et al. Factor four: doubling wealth, halving resource use[M]. London: Earthscan, 1997.

[4] OECD. Indicators to measure decoupling of environmental pressure from economic growth[R]. Paris: OECD, 2002.

[5] DE BRUYN S M, OPSCHOOR J B. Developments in the throughput-in-come relationship: theoretical and empirical observations [J]. Ecological economics, 1997, 20(3): 255-268.

[6] DONG B, ZHANG M, MU H L, et al. Study on decoupling analysis between energy consumption and economic growth in Liaoning Province[J]. Energy policy, 2016, 97: 414-420.

[7] United Nations Educational Scientific & Cultural Organization (UNESCO). United

Nations world water development report 2014: Water and energy [R]. UNESCO, 2014.

[8] APERGIS N. Environmental Kuznets Curves: New Evidence on both Panel and Country-level CO2 Emissions[J]. Energy Economics,2016,54:263-271.

[9] GUEVARA Z,DOMINGAOS T. Three-level Decoupling of Energy Use in Portugal 1995—2010[J]. Energy Policy, 2017, 108:134-142.

[10] Filatov N N, Litvinenko A V, Bogdanov M S. Water resources of the northern economic region of Russia: The state and use[J]. Water resources,2016,43(5):779-790.

[11] Kilimani N, Heerden J V, Bohlmann H, et al. Economy-wide impact of drought induced productivity losses[J]. Disaster Prevention and Management:An International Journal, 2018, 27(5):636-648.

[12] RAMOS M A, BOIX M, AUSSEL D, et al. Water integration in eco-industrial parks using a multi-leader-follower approach[J]. Computers & chemical engineering,2016, 87:190-207.

[13] PHAM T T,MAI T D,PHAM T D. Industrial water mass balance as a tool for water management in industrial parks[J]. Water Resources and Industry, 2016(13):14-21.

[14] TAPIO P. Towards a theory of decoupling:Degrees of decoupling in the EU and the case of road traffic in Finland between 1970 and 2001 [J]. Journal of Transport Policy, 2005(12):137-151.

[15] OECD. Effects of quantitative constraints on the degree of decoupling of crop support measures[R]. Paris:OECD,2005.

[16] Vehmas J,Kaivo-oja J,Luukkanen J. Comparative de-link and re-link analysis of material flows in EU-15 member countries[C]. Wuppertal:Con Account Conference,2003.

[17] Nordic Council of Ministers. Measuring sustainability and decoupling: a survey of methodology and practice[R]. 2006:43-44.

[18] FENG K, HUBACEK K, MINX J, et al. Spatially explicit analysis of water footprints in the UK[J]. Water,2011,3(1): 47-63.

[19] 贾绍凤,张士锋,杨红,等.工业用水与经济发展的关系——用水库兹涅茨曲线[J].自然资源学报,2004,19(3):279-284.

[20] 何希吾,顾定法,唐青蔚.我国需水总量零增长问题研究[J].自然资源学报,2011,26(6):901-909.

[21] 刘昌明,赵彦琦.中国实现水需求零增长的可能性探讨[J].中国科学院院刊,2012,27(4):439-446.

[22] 魏鸿,石峰,张慧成.水资源可持续利用模式:需水零增长模式[J].中国人口·资源与环境,2013,23(11):168-170.

[23] 秦昌波,葛察忠,贾仰文,等.陕西省生产用水变动的驱动机制分析[J].中国人口·资源

与环境,2015,25(5):131-136.

[24] 吴丹.中国经济发展与水资源利用的演变态势、"脱钩"评价与机理分析——以中美对比分析为例[J].河海大学学报(哲学社会科学版),2016,18(1):47-53.

[25] 王喜峰,沈大军,李玮.水资源利用与经济增长脱钩机制、模型及应用研究[J].中国人口·资源与环境,2019,29(11):139-147.

[26] 于法稳.中国粮食生产与灌溉用水脱钩关系分析[J].中国农村经济,2008(10):34-44.

[27] 汪奎,邵东国,顾文权,等.中国用水量与经济增长的脱钩分析[J].灌溉排水学报,2011,30(3):34-38.

[28] 吴丹.中国经济发展与水资源利用脱钩态势评价与展望[J].自然资源学报,2014,29(1):46-54.

[29] 杨晶雪,洪传春.京津冀地区水资源利用与经济增长脱钩分析——基于水足迹法[J].经济视角,2018(5):21-29.

[30] 姜明栋,刘熙宇,许静茹,等.京津冀地区经济增长对工业用水的脱钩效应及其驱动因素研究[J].干旱区资源与环境,2019,33(11):70-76.

[31] 吴丹,李昂,张陈俊.双控行动下京津冀经济发展与水资源利用脱钩评价[J].中国人口·资源与环境,2021,31(3):150-160.

第 8 章
京津冀经济发展与水资源利用协调评价研究

据联合国预测,2030 年世界将会有 40%的人口面临缺水风险。水资源作为战略性生产要素、基础性生活资源、保障性生态资源,为京津冀经济发展、居民生活和环境保护提供了重要保障。京津冀"十四五"规划明确提出了增强京津冀水资源战略储备、加强水污染治理和水资源保障、提高水资源集约安全利用水平,为加速推进京津冀经济产业结构转型升级、有效提高京津冀经济发展与水资源利用的协调性指明了方向。为此,开展京津冀水资源利用与经济发展协调评价研究,有利于为优化京津冀水资源配置、提高京津冀经济发展与水资源利用的协调性提供决策支撑。

8.1 文献综述

自 20 世纪 60 年代开始,国际社会持续聚焦于水资源利用与经济发展协调研究。1990 年,联合国在《水与可持续发展准则:原理与政策方案》中明确了水资源开发在水资源与经济协调发展中的重要地位。1992 年,《里约热内卢环境与发展宣言》提出了可持续发展理念下水资源与经济协调发展理论。随后,学术界不断深化水资源与经济协调发展理论研究。立足于具体国家的国情与区情,一方面,学者们深入探索水资源利用与经济发展的耦合关系。如 Higano 等[1]构建了动态线性综合评价模型,评价日本霞浦湖流域水资源与经济发展的耦合关系。Dennis[2]研究了埃及灌溉用水量与经济增长的关系,并提出有效提升埃及灌溉用水效率的建议。Katz[3]选取人均水资源量、收入、消费等指标,利用库兹涅茨曲线方法,得出水资源利用与经济增长之间存在 EKC 关系。Ngorana 等[4]以撒哈拉以南非洲(SSA)38 个国家为研究对象,采用先验对数生产模型,得出用水量和劳动力数量是实现其经济增长的关键驱动因素。另一方面,学者们研究构建了与气候变化相适应的水资源与经济发展协调模型。如 Prodanovic[5] 构建了气候和经济条件变化下水资源系统和经济系统耦合发展模型,并应用于泰晤士河流域,得出泰晤士河上游流域水资源对经济发展影响重大,气候变化是影响经济发展的重要限制因素。Kalbacher 等[6] 运用 IWAS—Tool Box 耦合协调模型,分析了区域自然和经济社会条件变化情况下水资源系统的水资源供应与水质变化。Voisin 等[7] 构建了陆地系统和水循环的耦合模型,分析了气候变化情况下人类活动、陆地系统和水循环之间的作用机理。此外,学者们进一步探索了水资源投入的经济产出效益优化方向。如 Ariel[8] 研究揭示了水资源利用必须考虑地区不同部门优先用水情况、地区优势和经济效益,对水资源与区域政策目标进行有效权衡。Guiu 等[9] 以西班牙东北部的 Llobregat 河为研究对象,构建水资源和经济价值耦合模型,探索水资源稀缺情况下经济效益产出最大化路径。Dadmand 等[10] 建立了缺水条件下水资源利用的鲁棒模糊随机规划模型,并将其应用于伊朗东北部马什哈德市农业、城市和工业用水部门,实现了不同消费部门缺水损失最小、利润最大化的目标。通过国际文献梳理和实践成果借鉴,可为我国开展水资源利用与经济发展协调评价研究提供宝贵经验。

  通过文献梳理可知,我国水资源利用与经济发展协调评价研究主要可分为 3 个演化阶段。其中,第一阶段(1994—2003 年),水资源可持续利用评价指标体系构建。如朱玉仙、徐良芳、冯耀龙等[11-13] 从可持续发展内涵出发,分别构建了一套包含"总量-比例-强度"指标、"发展水平-协调水平-发展能力"指数、"目标层-准则层-指标层"层级结构的水资源可持续开发利用综合评价指标体系。第二阶段(2004—2011 年),水资源与经济社会协调评价体系构建。如盖美、邵金花、李德一等[14-17] 从水资源量及其开发利用、区域社会经济发展和生态环境状况等方面,选取 7 类指标(人均水资源量、人均供水量、人均用水量、人均 GDP、人均耕地面积、灌溉覆盖率、单位面积产水量)建立评价指标体系,建立了水资源和社会经济协调发展评价指标体系,并运用集对分析理论、协调度评价模型,构建水资源和社会经济协调发展模型,评价大连市、烟台市及黑龙江省等地区水资源和社会经济协调发展状况。第三阶段(2012—2021 年),水资源利用与经济协调发展脱钩评价模型构建。如吴丹[18-19] 构建了脱钩时态分析模型,评价中国水资源利用与经济发展脱钩态势,并从用水结构效应与用水效率效应两个维度,构建了经济发展与水资源利用的完全分解模型,系统剖析了中国水资源利用与经济发展脱钩的内在机理。李景保等[20] 应用灰色关联度和耦合协调模型,从时空层面对岳阳沿江地区产业结构与水资源利用耦合协调度进行评价。潘安娥、杨仁发等[21-22]分别对湖北、江西的水资源利用与经济协调发展状况进行了脱钩分析。张建清等[23]利用水足迹理论与方法,结合协调发展脱钩评价模型,评价分析了长江中游城市群水资源利用与经济增长之间的协调关系。刘洋等[24-28]采用产业结构与用水结构协调度指标,评价了京津冀地区产业结构与用水结构的演变趋势,明确产业用水时空变化规律及影响因素,并采用LMDI时间分解方法和改进D-R空间分解方法,分析了京津冀水资源消耗时空差异的驱动效应,确定产业升级过程中水资源利用结构调整方向。

梳理文献可知,从京津冀经济发展与水资源利用协调评价研究成果来看,学者们开展了水资源利用与经济发展的关联性分析[29-32],确定了产业结构和用水结构变动态势[33-34],并重点对京津冀水资源利用效率、经济发展与水资源利用的协调脱钩关系进行了评价[28,35-38]。但鲜有学者开展不同规划期京津冀经济发展与水资源利用协调评价研究。为此,采用水资源负载指数法,对不同规划期京津冀水资源负载指数测算开展研究。采用协调度评价法与灰关联分析法,构建产业用水结构与产业结构协调评价模型、经济发展与水资源利用协调评价模型,对不同规划期京津冀产业用水结构与产业结构协调程度、京津冀经济发展与水资源利用的关联程度与协调程度进行研究。

8.2 研究方法设计

8.2.1 水资源负载指数测算方法

针对干旱和半干旱地区,水资源负载指数研究主要依据地区降水、人口和农业灌溉面积3个指标数据与水资源量值间的关系,反映水资源承载人口和农业灌溉面积的程度。针对经济发展较快地区,如京津冀地区,通常采用地区生产总值替代农业灌溉面积。因此,京津冀地区水资源负载指数用地区水资源所能负载的人口和经济规模来表达,反映了京津冀地区水资源与人口和经济发展之间的关系。可用公式表示为

$$C_i(t) = K_i(t) \sqrt{P_i(t) \cdot G_i(t)}/W_i(t) \tag{8.1}$$

式(8.1)中,$C_i(t)$($i=1,2,3$分别为北京、天津、河北)为第t时期京津冀第i个地区水资源负载指数;$P_i(t)$为第t时期京津冀第i个地区人口规模,万人;$G_i(t)$为第t时期京津冀第i个地区生产总值,亿元;$W_i(t)$为第t时期京津冀第

i 个地区水资源总量,亿 m³;$K_i(t)$ 为第 t 时期与京津冀第 i 个地区降水有关的系数,可用公式表示为

$$K_i(t) = \begin{cases} 1.0 & (R_i(t) \leqslant 200) \\ 1.0 - 0.1(R_i(t) - 200)/200 & (200 < R_i(t) \leqslant 400) \\ 0.9 - 0.2(R_i(t) - 400)/400 & (400 < R_i(t) \leqslant 800) \\ 0.7 - 0.2(R_i(t) - 800)/800 & (800 < R_i(t) \leqslant 1\,600) \\ 0.5 & (R_i(t) > 1600) \end{cases} \quad (8.2)$$

式(8.2)中,$R_i(t)$ 为第 t 时期京津冀第 i 个地区的降水量,mm。

京津冀地区水资源负载指数实质上被定义为反映京津冀地区单位水资源负载的地区人口-经济规模的一个可横向对比的无量纲值。京津冀地区水资源负载指数越低,表示京津冀地区单位水资源负载的地区人口-经济规模的程度越低,京津冀地区水资源负载指数仍有一定的提升空间。

京津冀地区水资源负载指数等级划分,见表 8.1。

表 8.1 京津冀地区水资源负载指数等级划分

级别	水资源负载指数	单位水资源负载的地区人口-经济规模程度
Ⅰ	>10	很高
Ⅱ	5～10	高
Ⅲ	2～5	中等
Ⅳ	1～2	较低
Ⅴ	<1	低

根据式(8.1),可进一步测算不同时期京津冀各个地区之间的水资源负载指数变异系数,可用公式表示为

$$CV_i(t) = \frac{\sqrt{\dfrac{\sum_{i=1}^{3}\left(C_i(t) - \sum_{i=1}^{3} C_i(t)/3\right)^2}{3}}}{\dfrac{\sum_{i=1}^{3} C_i(t)}{3}} \quad (8.3)$$

式(8.3)中,$CV_i(t)$ 为第 t 时期京津冀第 i 个地区水资源负载指数的变异系数。

8.2.2 产业用水结构与产业结构协调评价模型

采用协调度评价法,在计算京津冀各个地区的产业用水结构粗放度与产业结构偏水度基础上,综合评价京津冀各个地区的产业用水结构与产业结构协调

程度。即

$$\begin{cases} H_{it} = 1 - \sqrt{P_{it} \cdot C_{it}} \\ P_{it} = \dfrac{J \cdot GDP_{it} - \sum\limits_{j=1}^{J} GDP_{ijt} \cdot j}{(J-1) \cdot GDP_{it}} \\ C_{it} = \dfrac{J \cdot W_{itsh} - \sum\limits_{j=1}^{J} W_{ijtsh} \cdot j}{(J-1) \cdot W_{itsh}} \\ i,i' = 1,2,\cdots,n; i \neq i'; j = 1,2,3; J = 3 \end{cases} \quad (8.4)$$

式(8.4)中，H_{it}为规划期第i个地区的产业用水结构与产业结构协调程度，H_{it}越大，则第i个地区的产业用水结构与产业结构越协调；P_{it}为规划期第i个地区的产业结构偏水度；j为第i个地区第j个产业的位置值，若第i个地区第j个产业用水效率最低，则位置值为1，依此类推；GDP_{ijt}为规划期第i个地区第j个产业的产业增加值；J为产业总数；GDP_{it}为第i个地区的生产总值；C_{it}为规划期第i个地区的产业用水结构粗放度；W_{ijtsh}为规划期第i个地区第j个产业的水资源配置利用量；W_{itsh}为规划期第i个地区的水资源配置利用总量。

京津冀地区产业用水结构与产业结构协调性评价标准，见表8.2。

表8.2　京津冀地区产业用水结构与产业结构协调性的评价标准

H值	(0,0.25]	(0.25,0.5]	(0.5,0.75]	(0.75,0.1]
协调性评价	不协调	较不协调	较协调	协调

8.2.3　经济发展与水资源利用协调评价模型

在构建产业用水结构与产业结构协调评价模型基础上，对经济发展与水资源利用协调评价指标体系进行设计，采用灰关联分析法与协调度评价法，构建经济发展与水资源利用协调评价模型。

经济发展与水资源利用协调评价指标体系，见表8.3。

根据表8.3，采用灰关联分析法与协调度评价法，评价不同时期京津冀经济发展与水资源利用的协调程度，体现不同时期京津冀经济发展与水资源利用的协调态势。经济发展与水资源利用协调评价模型构建的具体步骤为：

表 8.3 经济发展与水资源利用协调评价指标体系

评价维度	评价指标	指标单位	指标解释
经济发展指标	人均 GDP	元/人	反映单位人口的 GDP
	第一产业产值占 GDP 比重	%	反映第一产业的产值比重
	第三产业产值占 GDP 比重	%	反映第二产业的产值比重
	第二产业与第三产业的产业结构比	—	反映第二产业与第三产业的产值比重
水资源利用指标	万元 GDP 用水量	m³/万元	反映经济发展用水绩效
	万元第二产业增加值用水量	m³/万元	反映第二产业用水效率
	万元第三产业增加值用水量	m³/万元	反映第三产业用水效率
	万元第二产业增加值废水排放量	t/万元	反映第二产业排污绩效
	人均用水量	m³/人	反映单位人口的用水量
	单位灌溉面积用水量	m³/亩①	反映农业灌溉用水效率
	人均居民生活用水量	m³/人	反映居民生活用水效率
	第一产业用水比例	%	反映第一产业用水比例
	第三产业用水比例	%	反映第三产业用水比例
	生活用水比例	%	反映生活用水比例
	生态环境用水比例	%	反映生态环境用水比例
	第二产业与第三产业用水结构比	—	反映第二产业与第三产业用水相对比重

步骤 1,依据表 7.3,确定京津冀地区经济发展与水资源利用协调的序参量指标集。设地区 d_i（即京津冀第 i 个地区，$i=1\sim n$）的第 t 个时期的序参量指标为 $C_{it}=\{c_{it1},c_{it2},\cdots,c_{itm}\}$。

步骤 2,利用向量归一化方法,通过不同时期地区 d_i 指标的纵向对比,对序参量指标集 $C_{it}=\{c_{itj}\}_{T\times m}$ 做标准化处理,构造加权的标准化矩阵 $Y_{it}=\{y_{itj}\}_{T\times m}$,其中,

$$y_{itj}=\begin{cases} w_j \cdot \dfrac{c_{itj}}{\max\limits_{t=1}^{T}(c_{itj})} & （效益型指标） \\ w_j \cdot \dfrac{\min\limits_{t=1}^{T}(c_{itj})}{c_{itj}} & （成本型指标） \end{cases} \quad (8.5)$$

---

① 1 亩＝1/15 公顷(hm²)。

式(8.5)中，y_{itj} 表示地区 d_i 第 t 个时期第 j 个序参量指标经归一化处理后的加权指标值。

步骤3，计算地区 d_i 第 t 个时期的序参量指标与指标理想集的灰关联系数。

基于灰关联分析法，确定地区 d_i 第 t 个时期的序参量指标与指标理想集的灰关联系数。其中，地区 d_i 第 t 个时期的序参量指标与指标理想集关于第 j 个指标的灰关联系数为

$$r_{itj} = \frac{\min\limits_{t}\min\limits_{j}|y_{itj}-\max\limits_{t=1}^{T}\{y_{itj}\}|+\rho\max\limits_{t}\max\limits_{j}|y_{itj}-\max\limits_{t=1}^{T}\{y_{itj}\}|}{|y_{itj}-\max\limits_{t=1}^{T}\{y_{itj}\}|+\rho\max\limits_{t}\max\limits_{j}|y_{itj}-\max\limits_{t=1}^{T}\{y_{itj}\}|} \quad (8.6)$$

式(8.6)中，$\max\{y_{itj}\}$ 表示地区 d_i 第 j 个序参量指标的指标理想值；ρ 为分辨系数，通常取 0.5，但实际 ρ 的取值对 r_{itj} 影响较大，故 ρ 取值采用以下原则：

设 $\Delta = \dfrac{\sum\limits_{t=1}^{T}\sum\limits_{j=1}^{m}|y_{itj}-\max\limits_{t=1}^{T}\{y_{itj}\}|}{T\times m}$，$\Delta$ 为所有差值绝对值的均值，记 $\varepsilon_\Delta = \Delta/\max\limits_{t}\max\limits_{j}|y_{itj}-\max\limits_{t=1}^{T}\{y_{itj}\}|$，则 ρ 取值为：①当 $\max\limits_{t}\max\limits_{j}|y_{itj}-\max\limits_{t=1}^{T}\{y_{itj}\}|>3\Delta$ 时，$\varepsilon_\Delta \leqslant \rho \leqslant 1.5\varepsilon_\Delta$；②当 $\max\limits_{t}\max\limits_{j}|y_{itj}-\max\limits_{t=1}^{T}\{y_{itj}\}|\leqslant 3\Delta$ 时，$\varepsilon_\Delta \leqslant \rho \leqslant 2\varepsilon_\Delta$。

根据式(8.6)，地区 d_i 的序参量指标与指标理想集的灰关联系数矩阵为

$$\boldsymbol{R} = (r_{itj})_{T\times m} = \begin{bmatrix} r_{i11} & r_{i12} & \cdots & r_{i1m} \\ r_{i21} & r_{i22} & \cdots & r_{i2m} \\ \vdots & \vdots & & \vdots \\ r_{iT1} & r_{iT2} & \cdots & r_{iTm} \end{bmatrix} \quad (8.7)$$

步骤4，根据式(8.7)，计算地区 d_i 的序参量指标与指标理想集的灰关联度。

以 $\theta = (w_1,\cdots,w_m)$ 为投影方向，确定地区 d_i 第 t 个时期的一维投影值 R_{it}，即地区 d_i 第 t 个时期的序参量指标与指标理想集的灰关联度为

$$R_{it} = \frac{1}{m}\sum_{j=1}^{m}r_{itj} = \frac{1}{m}\sum_{j=1}^{m}\frac{\min\limits_{t}\min\limits_{j}|y_{itj}-\max\limits_{t=1}^{T}\{y_{itj}\}|+\rho\max\limits_{t}\max\limits_{j}|y_{itj}-\max\limits_{t=1}^{T}\{y_{itj}\}|}{|y_{itj}-\max\limits_{t=1}^{T}\{y_{itj}\}|+\rho\max\limits_{t}\max\limits_{j}|y_{itj}-\max\limits_{t=1}^{T}\{y_{itj}\}|}$$

$$(8.8)$$

步骤5，构造投影指标函数，确保将投影时的投影值尽可能散开，求解最佳投影值 R_{it} 以及最佳投影方向 $\theta = (w_1,\cdots,w_m)$。

$$\max f_i(\theta) = \left[\sum_{t=1}^{T}(R_{it}-\overline{R_{it}})^2/(T-1)\right]^{\frac{1}{2}}$$
$$\text{s.t.} \sum_{j=1}^{m} w_j = 1 \tag{8.9}$$

式(8.9)中,$\overline{R_{it}}$ 为 R_{it} ($t=1\sim T$) 的均值。求解最佳投影值 R_{it} 时,先采用随机搜索算法确定初始点,再利用乘子法即可求得最佳投影方向 $\theta=(w_1,\cdots,w_m)$。将 θ 代入式(8.8),可得到地区 d_i 第 t 个时期的最佳投影值 R_{it}。

步骤6,基于协调度评价法,确定地区 d_i 经济发展与水资源利用的协调度,即

$$C_{it} = \frac{R_{it1} \cdot R_{it2}}{\left[\dfrac{R_{it1}+R_{it2}}{2}\right]^2} \tag{8.9}$$

式(8.9)中,C_{it} 表示地区 d_i 第 t 个时期的经济发展与水资源利用的协调度;R_{it1}、R_{it2} 分别为地区 d_i 第 t 个时期的经济发展、水资源利用的指数。

8.3 实证研究

8.3.1 京津冀水资源负载指数测算

根据式(8.1)和式(8.2),不同时期京津冀各个地区的水资源负载指数变化,见表8.4。

表8.4 不同时期京津冀地区水资源负载指数变化

年份/时期	北京	天津	河北	变异系数/%
2000	1.09	3.68	0.36	48.20
2001	1.03	2.13	0.49	32.41
2002	1.37	3.68	0.66	39.14
2003	1.28	1.23	0.40	24.11
2004	1.17	0.99	0.44	20.72
2005	1.22	1.60	0.55	22.34
2006	1.43	1.88	0.73	20.12
2007	1.45	1.81	0.71	20.05

续表

年份/时期	北京	天津	河北	变异系数/%
2008	1.01	1.20	0.54	17.45
2009	1.91	1.59	0.68	21.63
2010	1.91	3.25	0.73	30.31
2011	1.76	2.04	0.72	21.72
2012	1.15	0.89	0.47	19.27
2013	2.22	2.74	0.69	26.75
2014	2.94	3.82	1.24	23.13
2015	2.13	3.28	0.93	26.22
2016	1.64	2.20	0.60	25.99
2017	2.10	3.52	1.00	27.02
2018	1.83	2.49	0.85	20.48
2019	3.01	5.11	1.26	29.04
"十五"	1.21	1.93	0.51	27.74
"十一五"	1.54	1.94	0.68	21.91
"十二五"	2.04	2.55	0.81	23.42
"十三五"	2.17	3.23	0.92	25.63
2000—2019	1.69	2.44	0.70	25.80

根据表8.4可知，2000—2019年，京津冀地区水资源负载指数均存在一定程度的波动性。北京、天津、河北的水资源负载指数均值分别为1.69、2.44、0.70。京津冀地区水资源负载指数的总体排序为：天津最大，其次为北京、河北。"十五"—"十三五"时期，北京、天津、河北的水资源负载指数均值持续提升，上升幅度分别为79.34%、67.36%、80.39%。至"十三五"时期，北京、天津的水资源负载指数均值分别超过2.0、3.0，河北的水资源负载指数均值接近1.0。根据表2.6中的京津冀地区水资源负载指数等级划分，北京、天津的单位水资源负载的人口-经济规模的程度已达到中等，而河北单位水资源负载的人口-经济规模的程度低。"十五"时期，天津水资源负载指数均值分别达到北京、天津的1.60倍、3.78倍。至"十三五"时期分别降至1.49倍、3.51倍。

2000—2008年，京津冀地区水资源负载指数的差异系数不断缩小，说明北京、天津、河北单位水资源负载人口-经济规模程度的相对差异逐渐缩小。2008年京津冀地区水资源负载指数的差异系数达到最低值17.45%。2009—2019

年,京津冀地区水资源负载指数的差异系数总体表现为"扩大-缩小"交替变化,2019年京津冀地区水资源负载指数的差异系数扩大到29.04%。

8.3.2 京津冀产业用水结构与产业结构协调评价

首先,计算1990—2019年京津冀地区产业用水结构粗放度、产业结构偏水度、产业用水结构与产业结构协调度,见图8.1~图8.3。

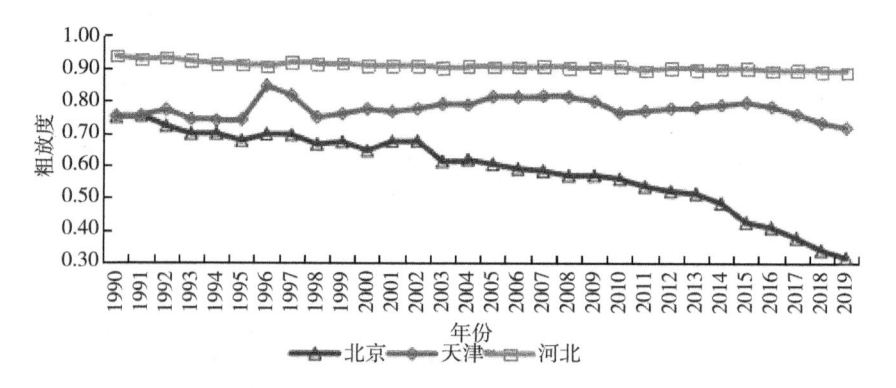

图8.1 京津冀地区产业用水结构粗放度

图8.1中,京津冀地区产业用水结构粗放度计算结果为:0.3<北京<天津<河北<1。京津冀地区产业用水结构对用水效率较低产业的偏向程度:河北省>天津市>北京市,即从京津冀地区产业用水结构角度考虑,河北用水效率最低,天津次之,北京最高。北京产业用水结构粗放度呈显著下降态势,津冀地区产业用水结构粗放度无显著变化,表明北京产业用水结构不断优化。

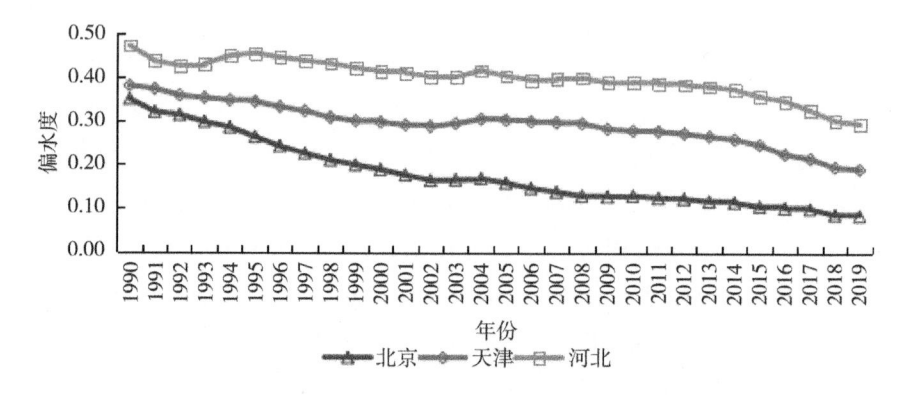

图8.2 1990—2019年京津冀地区产业结构偏水度

图8.2中,1990—2019年京津冀地区产业结构偏水度计算结果为:0<北京<天津<河北<0.5。京津冀地区产业结构对用水效率较低产业的偏向程度:河

北＞天津＞北京,即从产业结构角度考虑,河北用水效率最低,天津次之,北京最高。同时京津冀地区产业结构偏水度呈小幅波动下降态势,表明京津冀三地用水效率呈不断提高的趋势,产业结构不断优化。

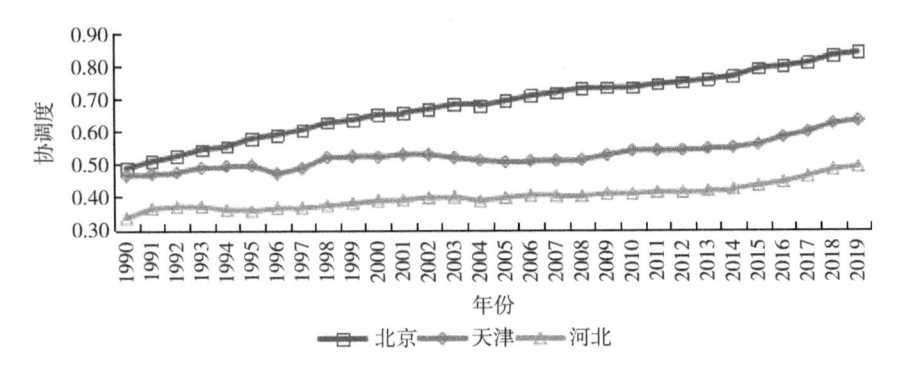

图 8.3　1990—2019 年京津冀地区产业用水结构与产业结构协调度

图 8.3 中,1990—2019 年,京津冀地区产业用水结构与产业结构协调度呈上升态势,表明京津冀地区产业结构与用水结构越来越协调。其中,北京产业用水结构与产业结构协调度最高,天津次之,河北最低。

依据表 8.2 京津冀地区产业用水结构与产业结构协调性评价标准,京津冀地区产业用水结构与产业结构协调性评价结果表现为:①1990 年北京产业用水结构与产业结构较不协调;1991—2011 年,北京产业用水结构与产业结构较协调;2012—2019 年,北京产业用水结构与产业结构进入协调状态。②1990—1997 年,天津产业用水结构与产业结构较不协调;1998—2019 年,天津产业用水结构与产业结构进入较协调状态,仅 2005 年为较不协调状态。③1990—2019 年,河北产业用水结构与产业结构较始终处于较不协调状态。

8.3.3　京津冀经济发展与水资源利用协调度评价

首先,计算 1990—2019 年京津冀地区经济发展与水资源利用的灰关联度、经济发展与水资源利用的协调度,见图 8.4 和图 8.5。

根据图 8.4 可知,1990—2019 年京津冀各个地区之间经济发展与水资源利用的灰关联度差异较小。北京、天津、河北经济发展与水资源利用的灰关联度已分别从 1990 年的 0.567、0.605、0.560 小幅波动式升至 2019 年的 0.964、0.849、0.945。

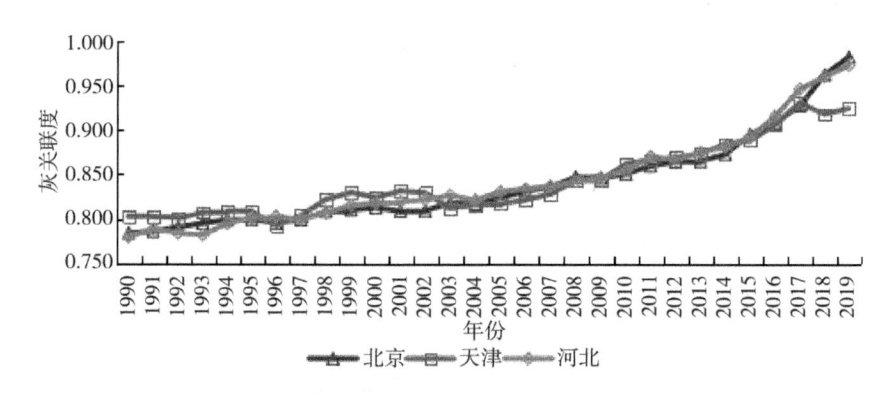

图 8.4　1990—2019 年京津冀地区经济发展与水资源利用的灰关联度

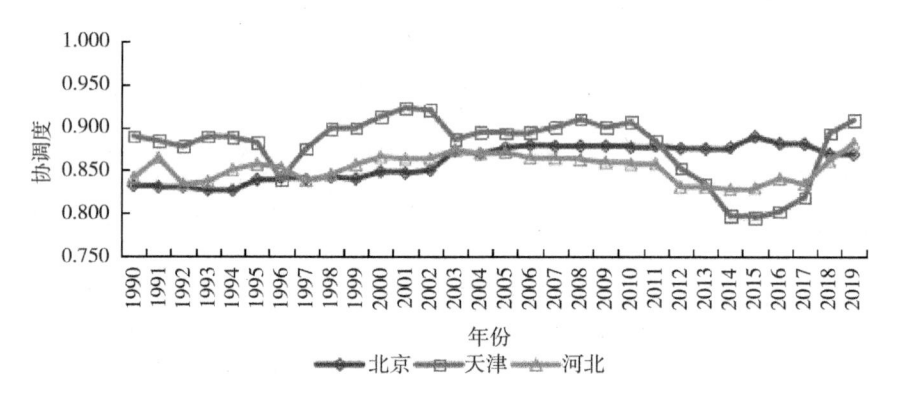

图 8.5　1990—2019 年京津冀地区经济发展与水资源利用的协调度

根据图 8.5 可知,京津冀地区经济发展与水资源利用的协调度评价结果表现为:北京、天津、河北经济发展与水资源利用的协调度处于 0.8~0.9,且差异较大。其中,1990—2019 年北京经济发展与水资源利用的协调度波动幅度较小,且略有上升,2019 年达到 0.869;1990—2019 年天津经济发展与水资源利用的协调度波动幅度较大,2019 年达到 0.909;1990—2019 年河北经济发展与水资源利用的协调度前期小幅波动上升、中期波动下降,后期回升,2019 年达到 0.882。

8.4　结论

2000—2019 年,京津冀地区水资源负载指数均存在一定程度的波动性。北京、天津、河北的水资源负载指数均值分别为 1.61、2.44、0.70。京津冀地区水资源负载指数的总体排序为:天津最大,其次为北京、河北。京津冀地区产业用水结构粗放度计算结果为:0.3<北京<天津<河北<1。京津冀地区产业用水

结构对用水效率较低产业的偏向程度：河北省＞天津市＞北京市。1990—2019年京津冀地区产业结构偏水度计算结果为：0＜北京＜天津＜河北＜0.5。京津冀地区产业结构对用水效率较低产业的偏向程度：河北＞天津＞北京。1990—2019年京津冀地区产业用水结构与产业结构协调度呈上升态势。2019年，北京产业用水结构与产业结构进入协调状态，天津产业用水结构与产业结构进入较协调状态，仅2005年为较不协调状态，河北产业用水结构与产业结构较始终处于较不协调状态。1990—2019年北京经济发展与水资源利用的协调度波动幅度较小，且略有上升，天津经济发展与水资源利用的协调度波动幅度较大，河北经济发展与水资源利用的协调度前期小幅波动上升、中期波动下降、后期回升，2019年北京、天津、河北经济发展与水资源利用的协调度分别达到0.869、0.909、0.882。

参考文献

[1] Higano Y, Sawada T. The dynamic policy to improve the water quality of lake Kasumigaura[J]. Studies in Regional Science, 1997, 26(1): 75-86.

[2] Dennis W. The policy relevance of virtual water can be enhanced by considering comparative advantages[J]. Agricultural Water Management, 2004, 66: 49-63.

[3] Katz D. Water use and economic growth: reconsidering the Environmental Kuznets Curve relationship[J]. Journal of Cleaner Production, 2015, 88: 205-213.

[4] Ngorana S D, Xiong Z X, Presley K, et al. Signatures of water resources consumption on sustainable economic growth in Sub-Saharan African countries[J]. International Journal of Sustainable Built Environment, 2016, 5(1): 114-122.

[5] Prodanovic P, Simonovic S P. An Operational Model for Support of Integrated Watershed Management[J]. Water Resources Management, 2010, 24(6): 1161-1194.

[6] Kalbacher T, Delfs J, Shao H. The IWAS-Tool Box: Software coupling for an integrated water resources management[J]. Environmental Earth Sciences, 2012, 65(5): 1367-1380.

[7] Voisin N, Liu L, Hejazi M, et al. One-way coupling of an integrated assessment model and a water resources model: evaluation and implications of future changes over the US Midwest[J]. Hydrology and Earth System Sciences, 2013, 17(11), 4555-4575.

[8] Ariel D. Water and Economy-Wide Policy Interventions[J]. Foundations and Trends in Microeconomics, 2014, 10(2): 85-165.

[9] Guiu R, Pouget L, Termes M. Selecting an Efficient Adaptation Level to Uncertain Water Scarcity by Coupling Hydrological Modeling and Economic Valuation[J]. Water Economics and Policy, 2015, 1(3): 1550008.

[10] Dadmand F, Naji-Azimi Z, Farimani N M, et al. Sustainable allocation of water resources in water-scarcity conditions using robust fuzzy stochastic programming[J]. Journal of Cleaner Production, 2020, 276(10): 123812.

[11] 朱玉仙, 黄义星, 王丽杰. 水资源可持续开发利用综合评价方法[J]. 吉林大学学报(地球科学版), 2002, 32(1): 55-57+63.

[12] 徐良芳, 冯国章, 刘俊民. 区域水资源可持续利用及其评价指标体系研究[J]. 西北农林科技大学学报(自然科学版), 2002, 30(2): 119-122.

[13] 冯耀龙, 练继建, 韩文秀. 区域水资源系统可持续发展评价研究[J]. 水利水电技术, 2001, 32(12): 9-11+76.

[14] 盖美, 刘雷雷, 耿雅冬. 大连市水资源与社会经济协调发展研究[J]. 资源开发与市场, 2011, 27(1): 56-59.

[15] 邵金花, 刘贤赵, 李德一. 烟台水资源与社会经济可持续发展协调度分析[J]. 经济地理, 2007, 27(4): 599-602.

[16] 李德一, 张树文. 黑龙江省水资源与社会经济发展协调度评价[J]. 干旱区资源与环境, 2010, 24(4): 8-11.

[17] 孙丽萍, 吴光, 李华东. 基于SPA的区域水资源与经济协调发展评价[J]. 安徽农业科学, 2008, 36(20): 8822-8823.

[18] 吴丹. 中国经济发展与水资源利用脱钩态势评价与展望[J]. 自然资源学报, 2014, 29(1): 46-54.

[19] 吴丹. 中国经济发展与水资源利用的演变态势、"脱钩"评价与机理分析——以中美对比分析为例[J]. 河海大学学报(哲学社会科学版), 2016, 18(1): 47-53+90-91.

[20] 刘慧, 李景保, 李艺璇, 等. 湖南长江经济带产业结构与水资源利用耦合协调机制研究[J]. 湖南师范大学自然科学学报, 2020, 43(2): 1-8.

[21] 潘安娥, 陈丽. 湖北省水资源利用与经济协调发展脱钩分析——基于水足迹视角[J]. 资源科学, 2014, 36(2): 328-333.

[22] 杨仁发, 汪涛武. 江西省水资源利用与经济协调发展脱钩分析——基于虚拟水的视角[J]. 科技管理研究, 2015(20): 95-98+111.

[23] 李宁, 张建清, 王磊. 基于水足迹法的长江中游城市群水资源利用与经济协调发展脱钩分析[J]. 中国人口·资源与环境, 2017, 27(11): 202-208.

[24] 刘洋, 李丽娟. 京津冀地区产业结构和用水结构变动关系[J]. 南水北调与水利科技, 2019, 17(2): 1-9.

[25] 栗清亚, 裴亮, 孙莉英, 等. 京津冀区域产业用水时空变化规律及影响因素研究[J]. 生态经济, 2020, 36(10): 141-145+159.

[26] 曹俊文, 方晓娟. 京津冀水资源消耗时空差异的驱动效应研究[J]. 统计与决策, 2020(6): 54-58.

[27] 颜明, 贺莉, 孙莉英, 等. 京津冀产业升级过程中水资源利用结构调整研究[J]. 干旱区资

源与环境,2018,32(12):152-156.

[28] 吴丹,李昂,张陈俊.双控行动下京津冀经济发展与水资源利用脱钩评价[J].中国人口·资源与环境,2021,31(3):150-160.

[29] 杨晶雪,洪传春.京津冀地区水资源利用与经济增长脱钩分析——基于水足迹法[J].经济视角,2018(5):21-29.

[30] 吴丹,王弘跻,刘帅.北京市经济发展与水资源消耗利用关联性分析[J].中国集体经济,2019(11):32-33.

[31] 孙艳芝,鲁春霞,谢高地,等.北京城市发展与水资源利用关系分析[J].资源科学,2015,37(6):1124-1132.

[32] 吴丹.京津冀地区产业结构与水资源的关联性分析及双向优化模型构建[J].中国人口·资源与环境,2018,28(9):158-166.

[33] 刘洋,李丽娟.京津冀地区产业结构和用水结构变动关系[J].南水北调与水利科技,2019,17(2):1-9.

[34] 栗清亚,裴亮,孙莉英,等.京津冀区域产业用水时空变化规律及影响因素研究[J].生态经济,2020,36(10):141-145+159.

[35] 吴丹,康雪.北京市经济发展与水资源消耗利用脱钩评价[J].中国集体经济,2019(14):28-29.

[36] 杨晶雪,洪传春.京津冀地区水资源利用与经济增长脱钩分析——基于水足迹法[J].经济视角,2018(5):21-29.

[37] 常烃,贾玉成.京津冀水资源与经济社会协调度分析[J].人民长江,2020,51(2):91-96.

[38] 吴丹,向筱茜.共生视角下水资源利用与经济高质量发展协调评价体系构建及其应用研究[A]//河海大学,河北工程大学.2021首届城市水利与洪涝防治研讨会论文集[C].2022:191-201.